자연에서 배우는

공학
이야기

소지현·안은주 글 | 이수진 그림
용환승(이화여자대학교 컴퓨터공학과 교수) 감수

리잼

머리말

공학, 자연을 만나다

공학이란 문제를 해결하는 과정입니다. 하늘을 날기를 꿈꾸던 사람은 비행기를 만들어 하늘을 날 수 있게 되었고, 강을 사이에 두고 갈라져 있던 땅은 강 아래를 지나는 터널로 이어졌습니다. 더 빠르지만 조용한 열차를 만들었고, 물속에서 더 빠르게 헤엄칠 수 있는 방법을 알게 되었습니다. 이러한 기술들을 만들 때 사람은 어디에서 힌트를 얻었을까요?

우리의 소중한 터전인 자연 속에는 많은 생물들이 함께 살아가고 있습니다. 지구상의 생물들은 38억 년이라는 긴 시간 동안 갖가지 시행착오를 극복해 살아남은 존재들입니다. 그리고 그 생물들과 우리는 지구라는 같은 공간에서 살고 있습니다. 따라서 수많은 생물들이 각각 다른 환경에 적응하는 모습은 우리에게 많은 가르침을 줍니다.

　우리가 발달시킨 과학 기술은 수많은 자연 속에서 힌트를 얻으며 발전해 왔습니다. 하늘을 나는 새를 보며 비행의 원리를 생각했고, 배좀벌레조개가 나무를 뚫는 모습을 보고 지하 터널을 떠올렸습니다. 이 밖에도 자연을 통해 발전한 과학 기술은 셀 수 없이 많습니다.

　앞으로 우리가 해결해야 하는 문제들의 실마리 또한 자연 속에 숨어 있을지도 모릅니다. 자연 속 기술들은 사람과 자연이 함께 살아가는 방법을 가르쳐 주고 있기 때문입니다.

　이 책에는 자연에서 찾은 다양한 공학적 원리와 발명품들을 담았습니다. 자연의 원리를 응용하여 어떤 기술들이 발전되어 왔고, 어떤 발명품들이 만들어졌을까요? 자연에서 배우는 공학 이야기와 함께 만나 보세요!

2017년 겨울 소지현, 안은주

차례

머리말 • 2
인물소개 • 6
들어가며 • 8

1장 자연에서 첨단기술을 배우다

우엉 열매와 벨크로 • 12
물총새와 신칸센 고속 열차 • 16
모기와 무통 주사기 • 20
배좀벌레조개와 터널링 실드 • 22
나방과 무반사 필름 • 26

 더 읽어 보기

바느질하는 베짜기새 • 30

2장 자연에서 아주 작은 세계를 배우다

현미경으로 발견한 나노 세계 • 36
소리 없이 빠른 상어 • 38
비가 오면 문을 닫는 솔방울 • 42
스스로 깨끗해지는 연잎 • 46
색의 비밀을 가진 모르포나비 • 50

 더 읽어 보기

자연의 건축 대장 비버 • 54

3장 자연에서 하늘을 나는 법을 배우다

새의 날개에 담긴 비행의 원리 • 58

바다 위의 글라이더 앨버트로스 • 62

숲 속의 제트기 참매 • 66

소리 없는 밤의 사냥꾼 큰소쩍새 • 68

꿀을 먹는 헬리콥터 벌새 • 70

정밀 비행 선수 박쥐 • 74

에너지를 아끼는 V자 대형 • 78

새에게서 영감을 받은 최초의 비행기 • 82

 비행기보다 먼저 하늘을 난 기구들 • 86

4장 자연에서 열관리 시스템을 배우다

흰개미 집의 자연 냉방 시스템 • 92

황제펭귄이 추위를 이겨내는 비결 • 98

북극곰과 해달의 단열 시스템 • 102

톰슨가젤의 차가운 뇌 • 106

 누구보다 빠르게, 남들과 다르게 집을 짓는 딱따구리 • 108

인물소개

해원 호기심 대장인 초등학생

집 밖으로 나가 뛰어노는 것을 좋아하고
해가 지면 집에 돌아가야 하는 것을
아쉬워할 정도로 에너지가 많습니다.
호기심이 많아서 모르는 것이 생기면
아빠에게 즉시 물어봐야 직성이 풀립니다.
매일 새로운 것을 배우며 자연과 친구가 되어가고 있습니다.

아빠 생물의 작은 세계를 연구하는 나노 공학박사

시골 마을에서 나고 자란 덕분에 들에 나는 식물,
집 앞에 찾아오는 동물들과 가까이 지냈습니다.
해원이에게 자신이 경험하고 배운
아름다운 자연의 모습과 소중함을
느끼게 해 주고 싶은 다정한 아빠입니다.

안녕, 친구들!
발명의 세계에 온 것을 환영해요.

"안녕, 나는 해원이라고 해."

나는 여러분에게 발명의 세계를 안내해 줄
해원이의 아빠, 척척 공학박사예요.
지금부터 해원이와 여러분과 함께 자연에서 배운 공학의 세계를 살펴보려고 해요.

"자연에서 공학을 배운다고요?"

맞아요.
지구에서 오랫동안 살아남은 생물들은 자연의 여러 가지 환경에 적응하기 위해 변화해 왔어요. 하늘을 나는 새들은 날개를 가지고 있고, 물속을 헤엄치는 물고기들은 지느러미를 가지고 있는 것처럼 말이에요. 생물들은 자연에 가장 잘 적응할 수 있는 구조를 만들었고, 그 구조에 따라서 독특한 특성을 가지게 되었어요.

우리는 도구 없이는 하늘을 날 수도 없고, 물속에서 상어보다 빨리 헤엄칠 수도 없어요. 하지만 생물들이 오랜 시간에 걸쳐 자연에 적응한 모습을 배운다면, 하늘을 날 수 있고 몇 배는 더 빠르게 헤엄칠 수도 있지요. 이것이 바로 자연이 가르쳐 준 공학의 세계예요.

해원
"빨리 보고 싶어요!"

그럼 지금부터 자연에서 배우는 공학 이야기를 함께 살펴볼까요?

1장 자연에서 첨단기술을 배우다

우엉 열매와 벨크로

　엄마 식물은 씨앗을 멀리멀리 퍼트리고 싶어 해요. 만약 씨앗이 엄마 식물 바로 옆에 떨어진다면, 엄마 식물과 씨앗에서 자라난 새싹은 서로 양분과 햇빛을 두고 경쟁해야 하는 사이가 되기 때문이지요.

엄마 식물이 씨앗을 멀리 떠나보내는 방법은 다양해요. 달콤한 열매를 만들어서 동물이 따 먹게 하고 씨앗이 똥으로 나오게 하는 방법, 씨앗이 바람을 타고 날아가게 하거나, 흐르는 물에 둥둥 떠다니게 하는 방법 등 다양하지요.

그중에서 우엉 열매는 동물의 털에 달라붙어서 멀리 이동하는 방법을 사용해요.

"열매가 털에 달라붙어요?"

우엉 열매의 가시를 자세히 관찰해보면 갈고리가 보이지요? 그 갈고리 때문에 잘 달라붙는 거예요.

이 우엉 열매를 보고 만든 발명품이 있어요. 흔히 찍찍이라고 부르는 것이지요.

"찍찍이요? 전혀 다르게 생겼는데요?"

● 벨크로라고도 합니다.

▲ 우엉 열매의 구조

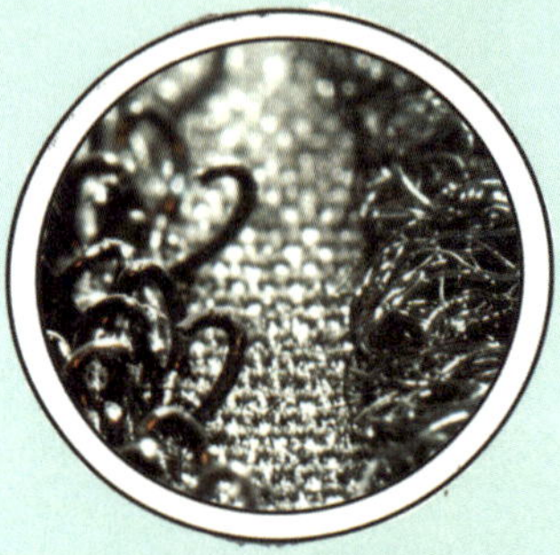

▲ 벨크로 구조

돋보기를 가지고 우엉 열매와 찍찍이를 함께 살펴봐요. 비슷하게 생기지 않았나요? 찍찍이의 한쪽에는 구부러진 갈고리 모양이 있고, 다른 쪽은 갈고리가 없고 그냥 헝클어진 털 같은 모양이에요. 우엉 열매를 확대한 모양과 닮았지요?

조지 드 메스트랄
(George de Mestral, 1907~1990)

스위스에 살고 있던 공학자 조지 드 메스트랄이 우엉 열매를 보고 아이디어를 얻어 찍찍이를 만들었어요. 그가 강아지와 함께 산책하러 나갔는데, 집에 돌아와 보니 강아지 털에 우엉 열매가 잔뜩 붙어서 떨어지지 않았던 것이지요. 우엉 열매의 표면을 확대해서 관찰해 보니 가시 끝이 갈고리 모양처럼 생겨서 강아지 털에 엉켜 있는 것을 발견했어요. 우리 생활을 편리하게 해주는 찍찍이의 발명도 자연에서 온 것이지요.

▲ 우엉 꽃

▲ 찍찍이

15

물총새와 신칸센 고속 열차

다이빙을 해 본 적이 있나요? 물에 조약돌을 던져 본 적은 있나요? 물 바깥에서 물속으로 들어갈 때는 물이 많이 튀지요. 하지만 물방울조차 튀지 않고 조용히 물속으로 들어가는 새가 있어요. 바로 물총새지요.

"물로 뛰어드는데 물방울이 안 튄다고요? 왜 그렇죠?"

물총새는 물고기를 잡기 위해 공기 중에서 물속으로 아주 빠르게 다이빙해요. 이때 최고 속도가 시속 200킬로미터나 되지요. 아주 조용하고 빠르게 물속으로 들어가서 먹잇감을 낚아채는 뛰어난 능력을 가진 것이에요.

"물총새만의 비법이 있나요?"

물론이에요. 물총새만의 조용한 사냥 비법은 길쭉한 부리와 머리의 모양에 있지요. 물총새의 부리는 완벽하게 대칭에 가까운 쐐기 모양이에요. 날개를 접고 다이빙할 때의 물총새는 거의 정확한 비율의 총알 모양이 되지요. 그 덕분에 물에 들어갈 때 그렇게 아주 조용히 들어갈 수 있어요.

▲ 물총새

- 어떤 틈에 박아 넣어서, 틈을 벌리는 도구입니다. 나무나 쇠붙이를 깎아 V자 모양으로 만듭니다.

 해원 "듣고 보니 정말 뾰족하네요! 물총새의 부리는 꼭 고속 열차처럼 생겼어요!"

그래요. 과학자들이 고속 열차의 문제를 해결할 때 이 물총새의 모양을 본떴기 때문이지요. 일본의 신칸센˚ 고속 열차는 탄환 열차라고 불릴 정도로 빠른 속도를 자랑해요. 그

▲ 신칸센

런데 이 열차는 너무 빠르다 보니 엄청난 소음이 생겼지요. 특히 열차가 터널에 들어가면 갈수록 더 시끄러운 소리가 났어요. 터널을 지날 때 터널 바깥과 안쪽의 압력 차이가 발생하기 때문이었어요. 터널 근처에 사는 주민들은 이 소음에 시달려야 했지요.

해원 "시끄러운 건 정말 싫어요!"

끼이익!

내 부리에서 영감을 받았다고?

과학자들은 이 문제를 해결하기 위해 계속 고민했지요. 그러던 어느 날 물총새가 공기 중에서 물속으로 아주 조용히 들어가는 것에서 영감을 받았어요. 그래서 열차의 앞부분을 물총새 부리 모양으로 디자인했지요.

신칸센의 앞부분을 길고 뾰족하게 바꾼 결과 열차로 인해 발생하는 소음이 해결됐지요. 그뿐 아니라 에너지를 더 적게 쓰는 지금의 고속 열차를 만들 수 있었어요.

고속 열차가 뭐예요?

고속 열차는 주로 전기 에너지로 움직이기 때문에 고속 전철이라고도 합니다. 일본의 신칸센, 우리나라의 케이티엑스(KTX)와 에스알티(SRT), 프랑스의 테제베(TGV) 등이 있습니다. 세계 최초로 개통된 고속철도는 일본의 신칸센이며, 우리나라에서는 2004년 4월에 처음으로 고속철도 케이티엑스(KTX)가 개통되었습니다.

▼ 테제베

▲ 케이티엑스

● 신칸센은 시리즈별로 디자인이 조금씩 다릅니다. 1996년에 선보인 500시리즈는 여러 신칸센 중에서도 새의 부리를 본떠 만든 디자인으로 날렵한 모양을 하고 있습니다.

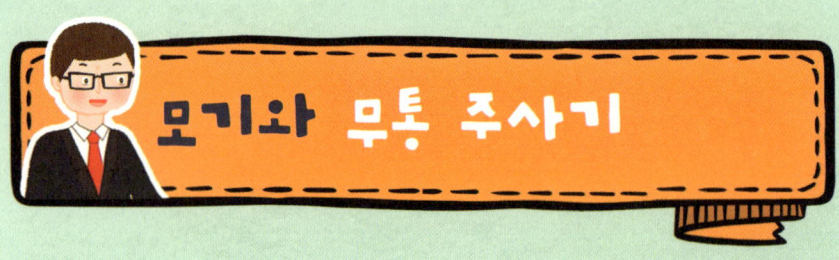

모기와 무통 주사기

　여름이 되면 모기 때문에 고생하는 사람들이 많지요. 모기에 물리면 가렵기도 하고, 물린 곳을 긁다가 상처가 생기기도 해요.

　사람의 피를 빨아 먹는 건 암컷 모기예요. 살아 있는 동물의 피를 빨아서 소화를 시켜야 알을 낳을 수 있기 때문이지요. 암컷 모기는 동물의 피를 한두 번쯤 빨고 나서 4~7일이 지나면 알을 낳아요.

　모기는 톱질을 하듯 동물의 피부에 상처를 내고, 주둥이를 넣어서 피를 빨지요.

"그런데 왜 모기에게 물릴 때는 안 아프죠?"
해원

그렇죠? 모기에게 물릴 때 별다른 아픔을 느끼지 않게 만드는 것은 모기의 대단한 능력이에요. 그래서 사람들은 주사를 맞을 때도 모기가 물 때처럼 안 아프게 할 수는 없을까 고민을 하게 됐지요.

해원
"모기를 보고 주사기를 만들었다고요?"

맞아요. 일본의 한 의료 기기 회사는 모기의 가늘고 긴 주둥이처럼 아프지 않은 주사기를 개발하기 시작했어요.

그렇지만 자연의 모습을 흉내 내는 것은 하루아침에 이루어지는 것이 아니지요. 처음부터 금속을 가지고 모기의 얇고 긴 주둥이를 흉내 내는 것은 매우 어려운 일이었어요. 의료 기기를 개발하는 사람들과 금속을 제조하는 사람들이 힘을 합쳐 5년 동안 연구를 했지요. 그 결과 마침내 무통 주사기를 만들 수 있었어요.

자연에서 아이디어를 얻은 후에도 다양한 분야의 사람들이 힘을 모아서 끈기 있게 노력한 것이에요. 더 많은 사람의 고통을 줄일 수 있게 되었지요.

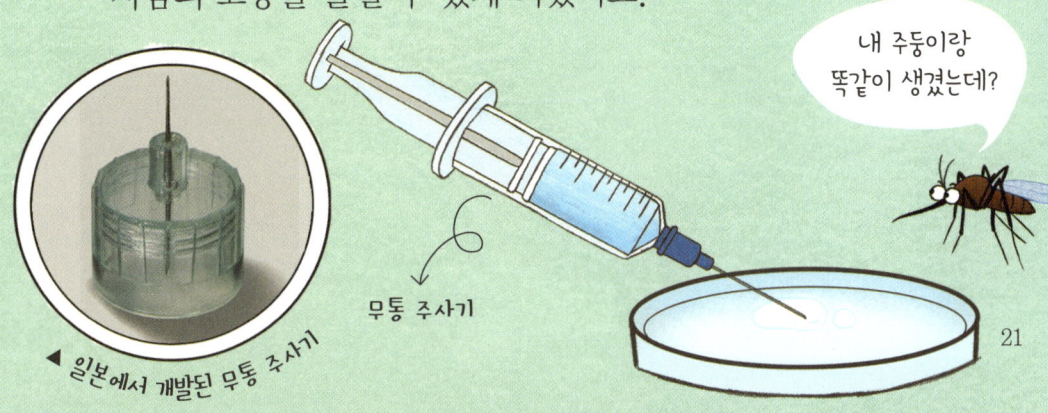

▲ 일본에서 개발된 무통 주사기

무통 주사기

내 주둥이랑 똑같이 생겼는데?

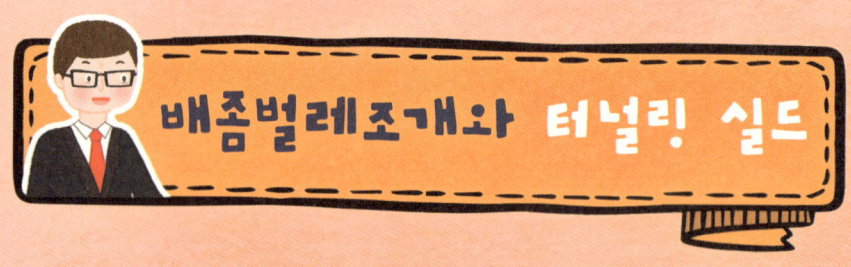

배좀벌레조개와 터널링 실드

한강 근처의 지하철역 중에는 계단이 아주 깊은 곳까지 나 있는 역이 있어요. 여의나루역이나 마포역 등이지요.

해원
"왜 그렇게 땅속 깊은 곳까지 계단이 있어요?"

한강 밑으로 터널을 뚫고, 그곳으로 열차가 지나가게 한 하저 터널이 있기 때문이지요. 터널이라고 하면 산을 뚫어서 만든다고 생각하기 쉽지만, 강물 아래에 있는 땅을 뚫고 터널을 만들기도 해요. 그것을 하저 터널이라고 부르지요.

 해원 "강 아래에 터널을 만들었다고요?"

　최초의 하저 터널은 200여 년 전에 만든 템스강 터널이에요. 19세기에 만들어졌지요.

　그때는 강 밑으로 터널을 뚫는 것이 불가능한 일이었어요. 계속 무너져 내렸거든요.

　그러던 어느 날, 영국의 발명가인 마크 브루넬은 부둣가를 지나다가 단단한 나뭇조각에 구멍을 뚫고 살아가는 생물이 있다는 것을 발견하게 되었어요. 그것은 배좀벌레조개였지요.

마크 브루넬
(Marc Isambard Brunel, 1769~1849)

옛날에는 배좀벌레조개가 위험한 생물이었다면서요?

배좀벌레조개는 우리나라의 바닷가에서 흔하게 찾아볼 수 있는 나무를 먹고 사는 조개입니다. 배를 나무로 만들던 시절에는 배좀벌레조개가 배에 구멍을 뚫고 다니는 바람에 뱃사람들이 곤란을 겪었습니다. 하지만 지금은 배를 만드는 소재가 많이 변화해서 배좀벌레조개가 배에 구멍을 뚫기 어렵게 되었답니다.

해원 "조개가 나뭇조각에 어떻게 구멍을 뚫어요? 나무는 아주 단단하잖아요?"

배좀벌레조개의 껍데기에는 톱날 같은 예리한 돌기가 수두룩이 나 있어요. 배좀벌레조개는 껍데기로 나무에 구멍을 뚫은 후, 그 주변에 배설물을 발라 벽을 단단하게 만들면서 앞으로 나가지요. 마크 브루넬은 이러한 모습에서 힌트를 얻었어요.

▲ 배좀벌레조개가 나무에 뚫어 놓은 구멍들

해원 "역시 자연은 훌륭한 선생님이네요!"

마크 브루넬은 1818년에 배좀벌레조개를 보고 터널 뚫는 기계를 생각해냈어요. 그리고 특허도 받았지요. 터널링 실드 공법이라는 이 기술은 배좀벌레조개가 하는 것처럼 구멍을 뚫은 뒤 바로 벽돌을 쌓아서 터널이 무너져 내리지 않도록 하면서 앞으로 나아가는 방법이에요.

내가 좀 훌륭하긴 하지!
배좀벌레조개

▲ 브루넬의 터널링 실드 공법

▼ 브루넬의 터널링 실드 공법을 적용한 기계

새로운 기계를 사용한 덕분에 360미터 길이의 템스강 터널은 무사히 완성되었어요. 19년 동안의 공사를 마치고 1843년에 터널이 열렸지요.

▲ 템스강 터널

나방과 무반사 필름

생물 중에는 밤에 자고 낮에 활동하는 생물들도 있지만, 밤에 주로 활동하는 무리도 있어요. 나방도 그러한 생물이지요. 나방과 나비는 비슷하게 생겼지만, 나비는 주로 낮에 활동하는 반면 나방은 주로 밤에 활동해요.

 해원 "나방은 어떻게 깜깜한 밤하늘을 날아다녀요?"

훗! 날 절대 찾을 수 없을 걸?

나방은.. 어디에 있을까?

꼬르륵

그 비밀은 바로 나방의 겹눈˙에 숨어 있지요. 겹눈에는 원뿔 형태의 아주 작은 돌기들이 엄청나게 많아요. 그런데 그 돌기들 때문에 빛이 반사되지 않게 되지요. 밤에 활동하는 나방은 부족한 빛을 최대한 활용할 수 있도록 모든 빛을 흡수하는 눈 구조를 가진 것이에요.

˙ 수많은 낱개의 눈이 여러 개 모여 된 눈입니다.

▲ 나방의 눈 돌기 구조

 해원 "빛을 많이 흡수할 수 있어서 밤에도 잘 볼 수 있는 거군요!"

그렇죠. 또 나방은 눈에 있는 오돌토돌한 돌기 덕분에 빛이 반사되지 않아서 천적에게 자신의 존재를 들키지 않을 수 있지요.

 해원 "나방의 눈 구조는 정말 신기해요!"

공학자들은 나방의 눈 구조에서 영감을 얻어 무반사 필름을 개발했지요. 이 필름을 붙이면 빛이 반사되지 않으니까 밝은 장소에서도 컴퓨터 화면이 잘 보이게 돼요.

▲ 나방의 눈 구조

▲ 일반적인 구조

또 태양열을 이용하는 장치에도 효과적이지요. 반사되는 빛의 양을 줄여 더 많은 태양에너지를 얻는 데 도움이 되고 있어요.

그뿐만 아니라 자동차 유리, 전시장 유리와 같은 곳에 사용하면 사물을 더욱 선명하게 볼 수 있어서 앞으로도 많은 분야에 사용할 수 있을 거예요.

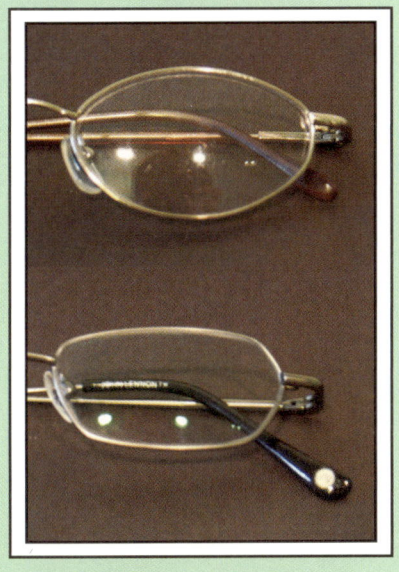
▲ 무반사 필름으로 코팅된 유리(아래)

더 읽어 보기

큰부리베짜기새

바느질하는 베짜기새

베짜기새라고 불리는 이 새들은 아주 정교한 집을 짓습니다. 나뭇가지에 대롱대롱 매달린 둥지를 만드는 베짜기새의 바느질 솜씨는 굉장히 정교합니다. 마치 바느질을 하는 것처럼 한 땀 한 땀 정성을 기울입니다. 베짜기새는 나뭇가지와 잔가지, 마른 풀을 물어다가 엮어서 둥지를 만들어냅니다.

베짜기새는 어디에 살아요?

베짜기새는 주로 아프리카에 살고 있으며, 일부는 아시아에도 살고 있습니다. 바야베짜기새는 인도와 동남아시아에 산답니다.

가면베짜기새

안경베짜기새

베짜기새는 종류에 따라 집을 만드는 재료, 크기, 모양, 짓는 방법이 다릅니다. 베짜기새의 둥지는 대부분 입구가 좁고 아래쪽을 향해 있습니다. 비가 오고 바람이 불어도 새끼들을 안전하게 보호하고, 맹금류나 뱀 등 천적의 접근을 차단할 수 있는 구조입니다.

나뭇가지 위에 매달려 있어서 건드릴 수가 없네.

시무룩

바야베짜기새는 가시가 있는 나무나 물 위에 있는 야자수 같은 곳에 집을 매달아 놓습니다. 천적들이 쉽게 둥지에 다가오지 못하게 하기 위해서입니다. 바야베짜기새는 인도와 동남아시아에 살고 있는 베짜기새 종류로 잎을 촘촘하게 엮어서 한쪽으로 구부러진 모양의 집을 만듭니다. 아래쪽으로 좁은 입구를 만들고 둥지 안쪽에는 알이 떨어지지 않도록 입구에 턱을 만들어 놓습니다.

▲ 바야베짜기새의 둥지

베짜기새는
집을 잘 지어야
장가를 잘 간단다!

칼라하리 사막 지역에는 함께 집을 짓는 집단베짜기새들이 삽니다. 보통 한 둥지에 1백 마리 이상의 집단베짜기새 가족이 함께 지냅니다. 나무나 전봇대 위에 둥지를 트는데, 이 아파트형 둥지는 무게만 1톤이 넘어가는 것도 있습니다.

집단베짜기새들은 왜 전봇대 위에 집을 짓나요?

집단베짜기새들은 아프리카 남부 사막지대에 무리를 지어 사는 새입니다. 여러 개의 둥지가 들어있는 거대한 둥지를 지어서 함께 살기 때문에, 둥지를 지을 튼튼한 나무를 찾아다닙니다. 집단베짜기새의 집은 가로 길이가 3미터나 되는 크고 무거운 집이기 때문입니다. 사막화가 진행되면서 나무가 점점 사라지자 집단베짜기새들이 찾아낸 새로운 집터가 바로 전봇대랍니다.

▲ 집단베짜기새의 둥지

2장 자연에서 아주 작은 세계를 배우다

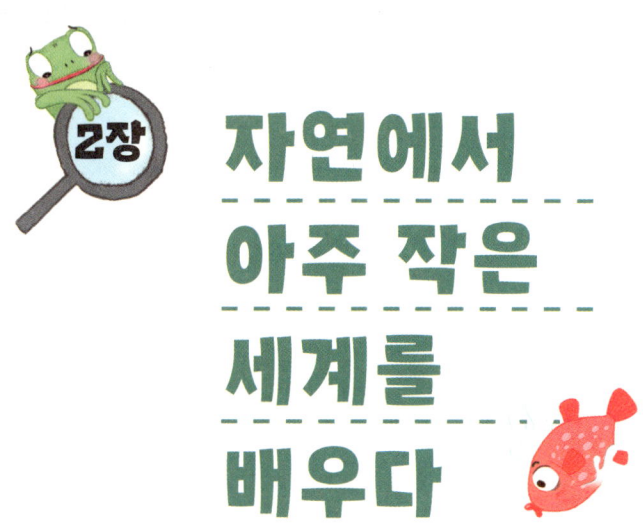

현미경으로 발견한 나노 세계

자연을 보고 만든 신비한 발명품들을 잘 살펴봤나요? 지금부터는 현미경이라는 도구를 통해 자연을 더 자세히 관찰해 보려고 해요.

해원 "현미경이 뭐예요?"

현미경

맨눈으로는 도저히 볼 수 없는 미세한 물체나 미생물을 확대하여 관찰하는 기구지요. 두 개의 볼록렌즈가 물체를 두 번 확대해서 크게 볼 수 있어요.

해원 "현미경으로 보니까 공작새 깃털 색이 전혀 다르게 보여요! 여러 가지 색깔들이 숨어 있네요!"

신기하지요? 현미경을 사용하기 시작하면서 우리는 자연의 아주 작은 세계를 볼 수 있게 되었죠.

현미경은 언제 만들어졌나요?
여러 가지 렌즈를 이용한 최초의 현미경은 1590년경 네덜란드의 얀센 부자에 의해 만들어졌습니다.

16세기에 현미경이 발명되기 전에는 눈으로 보이는 모습만으로 자연을 관찰해야 했어요. 그래서 그때 살던 사람들은 이해할 수 없는 자연현상들이 많았지요. 하지만 현미경을 발명한 뒤에는 생물체의 다양한 구조에서 비롯한 특이한 현상들이 있다는 것을 비로소 이해할 수 있게 됐어요.

 해원 "작은 세계가 현미경 안에 숨어 있었군요!"

> 최초의 현미경

맞아요. 이제는 현미경이 발달해서 자연의 나노(nano)● 세계를 관찰할 수 있게 되었어요. 나노란 눈에 보이지 않을 정도로 작은 크기를 말해요. 정확하게는 10억 분의 1미터를 뜻하는 말이지요. 나노 세계에는 재밌는 자연의 비밀이 많이 숨겨져 있어요.

● 그리스어로 아주 작다는 것을 뜻합니다.

소리 없이 빠른 상어

물에서는 앞으로 나아가기가 어려워요. 열심히 팔과 다리를 저으며 수영을 해도 생각만큼 속도가 빠르게 나질 않지요.

"물속에서는 왜 앞으로 가기가 어렵죠?"
해원

물속에 들어가면 우리 몸 주변에 물이 빙글빙글 돌면서 소용돌이*가 생기기 때문이에요. 이 소용돌이가 물속에서 앞으로 나아가기 힘들게 하는 것이지요.

● 와류라고도 합니다.

해원 "그런데 물속에서 무척 빠르게 헤엄치는 동물도 있잖아요?"

상어가 헤엄치는 것을 자세히 본 적이 있나요? 상어는 아주 빠른 데다가 무척 조용히 헤엄쳐요. 상어가 헤엄치는 비결을 배우면 한결 수월하게 헤엄칠 수 있지요.

그 비밀은 바로 상어의 비늘에 숨어 있지요. 상어의 비늘을 한번 자세히 들여다볼까요?

방패 비늘

상어 비늘의 돌기 구조는 소용돌이가 상어의 표면에 닿지 않게 해서 수영 속도를 높여줍니다.

▲ 상어의 리블렛 구조

 "상어 비늘을 자세히 보니 우둘투둘한 모양이네요."

옛날 사람들은 이렇게 우둘투둘한 상어 비늘과 상어가 빠르게 헤엄치는 것이 어떤 관계가 있을지 궁금했지만 알 수가 없었지요. 그런데 1982년에 미국 항공우주국에서 실험을 통해 그 비밀을 밝혀냈어요. 몸 전체에 있는 울퉁불퉁한 돌기가 몸 주변에 생기는 소용돌이를 사라지게 한다는 비밀을 말이에요.

상어의 비늘에 있는 돌기 구조를 과학자들은 리블렛이라고 불러요. 리블렛 구조의 움푹 파인 공간으로 몸 주변의 소용돌이들이 미끄러지면서 사라지게 되는 것이지요. 그래서 상어는 힘을 덜 들이고도 조용하고 빠르게 헤엄을 칠 수 있어요.

"상어 비늘을 몸에 달면 더 빨라지겠네요!"

상어의 이름은 왜 상어일까요?

상어를 만져보면 마치 모래를 만지는 것처럼 까끌까끌한 느낌이 듭니다. 상어라는 이름도 모래와 같은 비늘을 가진 물고기라는 뜻입니다. 실제로 옛날 사람들은 사포 대신 상어 비늘을 이용하기도 했습니다.

▲ 상어의 비늘을 보고 만든 수영복

　맞아요. 그래서 선수들은 상어 비늘을 본떠 만든 수영복을 즐겨 입지요. 2000년에 시드니 올림픽의 수영 종목에서 전신 수영복 '패스트 스킨'을 입은 선수들이 33개의 금메달 중 28개나 따낸 일이 있었어요. 선수들이 전신 수영복을 많이 입었던 2008년부터 2010년 사이에 세계 신기록만 130여 개가 바뀌었지요. 놀랍지요?

● 상어 비늘의 미세한 돌기인 리블렛 원리를 적용하여 개발한 수영복입니다.

내 이름은 왜 게일까?

비가 오면 문을 닫는 솔방울

안에 씨앗이 들어 있는 솔방울 날개를 실편이라고 합니다.

　엄마 식물은 다양한 방법으로 씨앗을 퍼뜨려요. 그중에는 날씨나 습도●에 따라 씨앗을 퍼뜨리는 식물들도 있지요. 강낭콩, 완두콩과 같은 콩 종류가 대표적이에요. 날이 건조해지면 꼬투리가 터지면서 씨앗이 튕겨 나가는 방법으로 씨앗을 퍼뜨리지요.

　소나무도 날씨와 습도의 영향을 받는 식물이에요. 소나무의 열매인 솔방울은 안에 씨를 가지고 있다가 건조한 날에 씨를 퍼뜨리지요. 해가 쨍쨍한 날에 숲속에서 솔방울을

● 공기 중에 수증기가 포함된 정도를 말합니다.

보면 날개가 활짝 펼쳐져 있지만, 비가 오는 날이나 습도가 높은 날에는 솔방울이 오므라든 것을 볼 수 있어요.

해원
"마치 살아 있는 것 같아요!"

솔방울은 한 장, 한 장의 날개로 이루어져 있지요. 그 날개는 솔방울이 마르면 벌어졌다가, 젖으면 안쪽으로 오그라들어요.

신기하지요? 솔방울이 혼자 움직일 수 있는 비밀은 솔방울 날개를 이루고 있는 섬유질의 방향에 숨어 있어요. 섬유질의 바깥쪽과 안쪽이 서로 다른 방향이기 때문이지요.

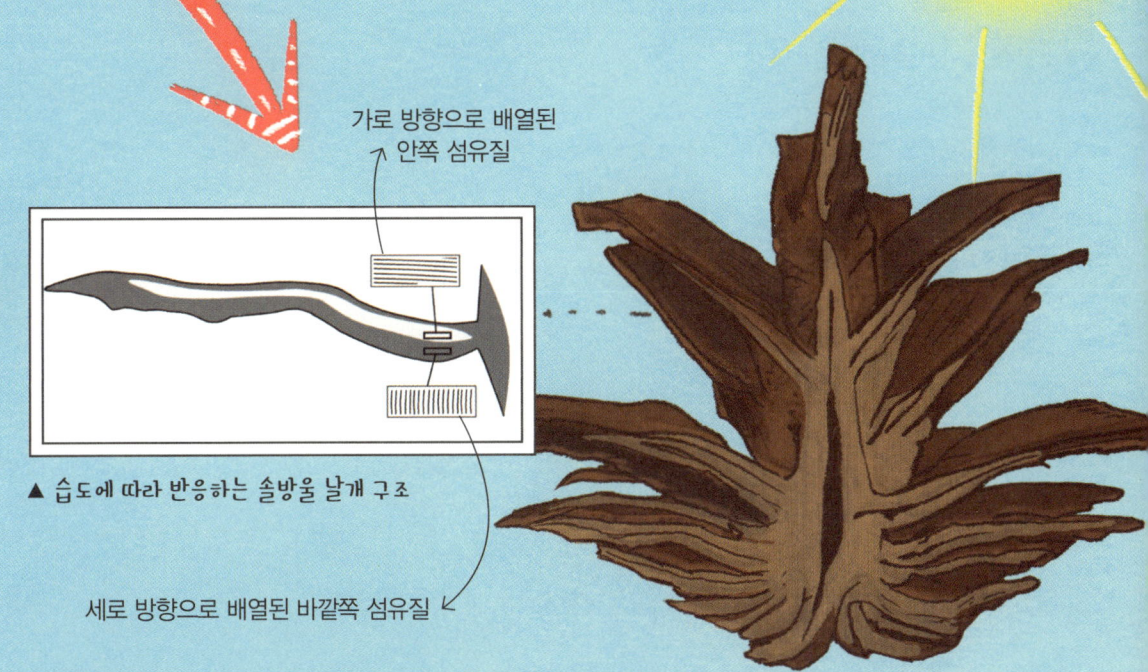

가로 방향으로 배열된 안쪽 섬유질

▲ 습도에 따라 반응하는 솔방울 날개 구조

세로 방향으로 배열된 바깥쪽 섬유질

방향이 다른 섬유질은 습기에 대한 반응 속도가 달라요. 습도가 높아지면 세로 방향으로 배열된 바깥쪽 섬유질이 더 많이 늘어나게 돼요. 그래서 습도가 높은 날에 솔방울이 안쪽으로 오그라들게 되지요.

 "솔방울은 왜 벌어졌다가 오므라들었다가 하나요?"

맑은 날에는 솔방울이 벌어져서 안에 들어 있는 씨앗이 멀리 퍼져 나갈 수 있게 하기 위해서지요. 비가 오거나 습도가 높은 날씨에는 씨앗이 멀리 날아가지 못하기 때문에 맑은 날을 기다리며 날개의 문을 닫아요.

 "솔방울을 보고 만든 물건도 있나요?"

솔방울의 구조는 많은 아이디어를 주었어요. 솔방울 구조를 이용한 건축용 합판도 만들어졌지요. 이 합판을 건물의 벽 바깥에 붙이면 주위의 습도 변화에 따라 자동으로 열리기도 하고 닫히기도 하면서 실내의 온도와 습도를 조절할 수 있어요.

또 솔방울에서 아이디어를 얻은 스위스의 의류 회사에서는 땀이 나면 옷의 구조가 느슨해지면서 바람이 잘 통하게 하여 몸을 식혀 주고, 땀이 마르면 원래대로 돌아와서 체온을 유지해 주는 소재를 개발했지요. 이 소재는 아웃도어 의류에 사용되고 있어요.

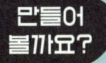

친환경 솔방울 가습기 만들기

준비물 : 뜨거운 물, 솔방울, 안 쓰는 칫솔, 예쁜 그릇

만들기
1. 솔방울을 칫솔로 싹싹 문질러 깨끗이 씻어 줍니다.
 (벌레가 걱정된다면 부모님과 함께 끓는 물에 팔팔 삶아 봅시다.)
2. 솔방울이 물을 충분히 흡수할 때까지 둡니다.
3. 솔방울을 예쁜 그릇에 담아서 장식합니다.
4. 수분이 날아가서 솔방울이 벌어지면 다시 물을 부어줍니다. 다시 사용할 수 있습니다.

스스로 깨끗해지는 연잎

연잎 위에 동글동글하게 물방울이 맺혀 있는 모습은 흔히 볼 수 있지요. 툭 건드리기라도 하면 연잎 위의 물방울들은 굴러다니며 더 큰 물방울로 모였다가 연못으로 떨어지곤 해요.

▲ 연잎 표면의 나노 돌기들

해원 "왜 연잎은 젖지 않고, 물방울이 다 또르르 흘러내리기만 해요?"

우리 눈에 보이지는 않지만, 나노 현미경으로 관찰하면 연잎의 표면이 울퉁불퉁한 돌기들로 이루어져 있는 것을 볼 수 있지요. 이 돌기는 왁스라고 하는 물에 젖지 않는 물질로 덮여 있어요. 이 돌기 구조와 왁스 성분으로 인해 연잎 표면은 물에 젖지 않지요.

또 울퉁불퉁한 표면에는 먼지 조각이 잘 달라붙지 못해요. 물방울이 공처럼 말려 내려가면서 연잎 표면의 먼지들도 함께 씻겨 내려가지요. 이걸 바로 '연잎 효과●'라고 불러요. 연잎이 항상 깨끗하게 유지되는 비결이지요.

〈돌기가 없을 때〉

〈돌기가 있을 때〉

▲ 연잎 효과의 원리

● 자가 세정 능력이라고도 합니다. 스스로 깨끗해지는 능력이 있다는 뜻입니다.

 "연잎처럼 물건을 만들면 청소를 하지 않아도 비가 오면 깨끗해지겠네요!"

해원

맞아요. 공학자들은 연잎의 특별한 능력에 영감을 받았어요. 큰 건물이나 유리창, 자동차를 비가 내리는 것만으로도 깨끗하게 유지할 방법을 생각해냈지요.

그래서 만든 것이 연잎 페인트예요. 연잎 효과가 적용된 페인트를 칠하면 마치 연잎처럼 벽을 깨끗하게 유지할 수 있지요. 빗물에 더러운 물질이 깨끗하게 씻겨 내려가기 때문이에요.

▲ 연잎 효과

▲ 연잎 효과를 적용한 페인트를 바른 건물

"빨래가 필요 없는 옷도 나올까요?"
해원

공학자들은 스스로 깨끗해지는 천, 물에 젖지 않는 유리, 물에 젖지 않는 마이크로칩, 항상 깨끗하게 유지되는 태양 전지판과 같이 다양한 곳에 연잎 효과를 적용해 개발하고 있어요.

비 오는 날에만 볼 수 있는 그림이 있다고요?

평소에는 일반적인 도로지만, 비가 오는 날에는 멋진 그림이 나타나는 바닥을 본 적 있나요? 바닥에 원하는 디자인으로 연잎 효과를 적용해 코팅한 것이랍니다.

태양 전지판

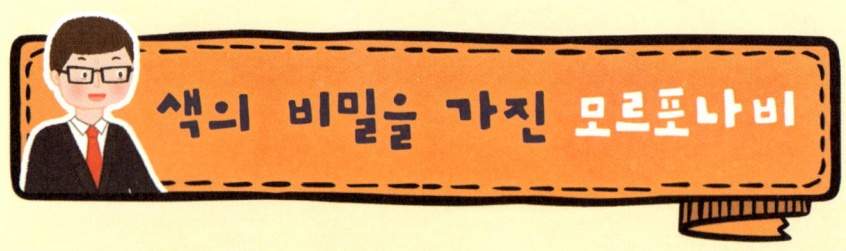
색의 비밀을 가진 모르포나비

지구에 사는 생물들은 대부분 각각의 독특한 색을 가지고 있어요. 어떤 생물들은 자신만의 색소를 갖고 있어서 어떤 상황에서도 변하지 않는 색을 유지하지요. 빨간색 색소를 가진 수박을 잘라서 먹거나, 갈아서 주스로 마셔도 빨간색을 띠는 것처럼 말이에요.

그런데 또 다른 어떤 생물들은 색소를 가지지 않고도 색을 띠지요. 대표적인 생물로 모르포나비가 있어요.

해원
"파란색 날개를 가진 모르포나비요?"

모르포나비의 날개는 바라보는 방향에 따라 다양한 색을 나타내지요. 색소가 없는 대신 특별한 나노 구조로 되어 있기 때문이에요.

모르포나비의 작은 날개는 인분이라고 불리는 더 작은 비늘 모양의 분비물로 덮여 있지요. 이 인분을 나노 현미경으로 관찰해보면, 사다리 같기도 하고 계단 같기도 한

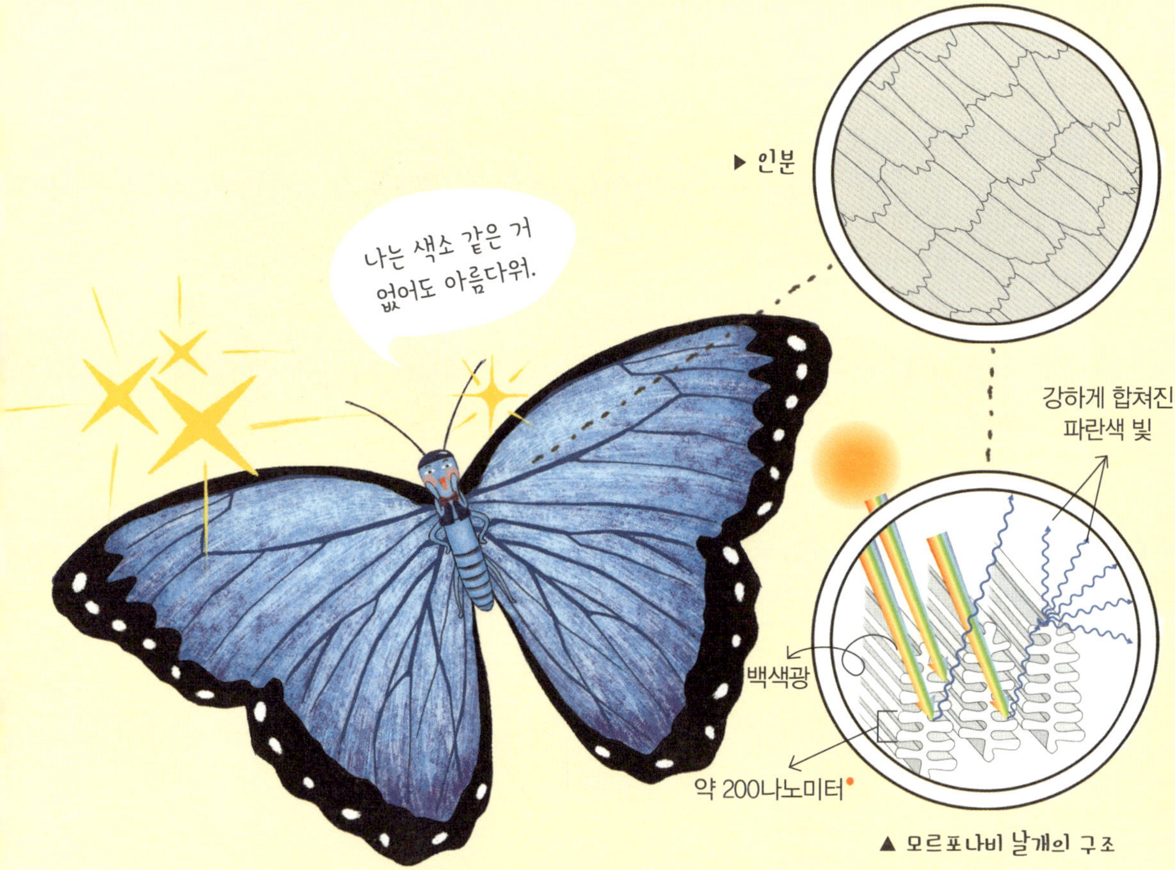

▶ 인분

강하게 합쳐진
파란색 빛

백색광

약 200나노미터*

▲ 모르포나비 날개의 구조

"나는 색소 같은 거 없어도 아름다워."

모양이에요. 여기에 햇빛이 비치면 주로 파란색을 반사하게 되면서 날개가 파란색으로 보이는 것이지요. 이렇게 색소 없이 특별한 구조로 인해서 나타나는 색을 구조색이라고 해요.

해원
"구조색을 가진 생물이 또 있어요?"

● 10억분의 1미터를 가리키는 단위입니다.

▶ 딱정벌레

구조색을 가진 동물이나 식물은 여러 종류가 있어요. 공작새의 화려한 깃털 역시 구조색이에요. 공작새의 깃털이 가진 독특한 구조에 햇빛이 비치면 아름다운 색색의 빛으로 보이는 것이지요. 이 밖에도 반짝이는 녹색의 겉날개가 아름다운 비단벌레, 딱정벌레류도 구조색을 가지고 있어요. 구조색을 가지고 있는 식물에는 폴리아 열매가 대표적이지요.

모두들 나에게 빠져들지.

히햐! 광채

구조색을 가지고 있는
폴리아 열매

해원
"구조색을 이용해서 만든 물건도 있나요?"

구조색은 특수한 구조에서 나오는 색이에요. 그래서 일반적인 프린터나 복사기를 통해서는 그 색을 똑같이 표현할 수 없지요. 사람들은 구조색의 이런 특징을 이용해서 위조지폐를 방지하는 기술이나 카드 복사를 방지하는 홀로그램 스티커를 개발했어요.

▲ 홀로그램 스티커

자연의 건축 대장 비버

비버는 북미와 유럽에 사는 커다란 설치류 동물입니다. 평평한 꼬리로 물속에서 방향을 잡고 앞으로 나아가며, 해 질 무렵부터 아침까지 활동합니다. 비버는 새싹, 나무뿌리, 산딸기 등을 먹고 살며 길고 단단한 앞니로 나무를 자르는 자연의 건축 대장입니다.

비버는 자신의 둥지를 천적인 곰이나 늑대, 오소리 등으로부터 보호하기 위해 출입구를 물속으로 숨겨 둡니다. 이렇게 출입구가 물속에 잠기려면, 댐을 만들고 물을 막아서 수위를 높여야 합니다.

비버는 주변의 나무와 흙, 돌을 사용하여 댐을 만듭니다. 물의 흐름이 빠른 곳에서는 상류를 향하여 휘어진 곡선의 형태로 댐을 만들고, 물이 천천히 흐르는 곳에서는 직선으로 댐을 만듭니다. 나

● 물의 깊이를 말합니다.

무를 갉는 능력이 뛰어난 비버는 큰 나무도 금세 넘어뜨립니다. 그리고 멀리에서부터 물길을 이용해 나무를 운반해 옵니다.

비버가 댐을 건설하는 곳에는 넓은 습지가 생기는데, 이 습지는 많은 동식물에게 보금자리와 먹이를 제공합니다. 비버가 만든 댐은 새로운 습지, 초지, 물새 서식지, 물고기 산란지 등을 만들어 다양한 생물이 살 수 있게 합니다. 또 비가 오면 물의 흐름을 느리게 해서 홍수도 막아 줍니다. 이렇게 비버처럼 자연에서 중요한 역할을 하는 생물을 핵심종이라고 합니다.

3장 자연에서 하늘을 나는 법을 배우다

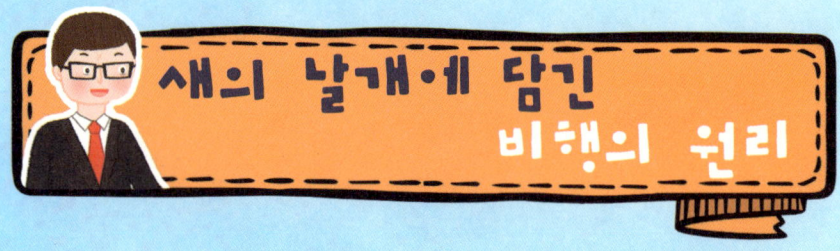

새의 날개에 담긴 비행의 원리

구름 사이를 자유로이 날아다니는 새들은 어떻게 하늘을 날 수 있을까요?

새는 알에서 나올 때부터 하늘을 날 수 있는 몸을 가지고 있어요. 우리와는 달리 뼛속이 비어 있어서 가볍지요. 그리고 무엇보다 새에게는 하늘을 날 수 있는 날개가 달려 있어요.

해원 "날개가 있으면 왜 하늘을 날 수 있어요?"

▲ 베르누이의 원리

새가 날개를 파닥파닥 움직이면 날아오르는 것이 신기하지요? 새의 날개는 단면이 유선형으로 되어 있기 때문에 잘 날 수 있지요.

해원
"유선형이요?"

날개를 자세히 살펴보면 위쪽은 아주 둥글고 아래쪽은 비교적 평평한 것을 알 수 있어요. 그걸 유선형이라고 해요. 공기 속을 지날 때 아래쪽으로 지나는 공기보다 위쪽으로 지나가는 공기가 더 빠르게 지나가게 되지요. 이렇게 발생한 공기의 속도 차이가 압력을 다르게 하지요.

공기의 속도가 느리면 미는 힘이 많아진다고요?

1700년대에 살았던 스위스의 수학자이자 과학자인 베르누이는 물체의 속도와 압력의 관계를 밝혔습니다. 이것을 베르누이의 원리라고 부릅니다.
유체▪▪가 천천히 흐르면 압력이 증가하고, 빠르게 흐르면 압력이 감소합니다. 유체가 좁은 곳을 지나갈 때는 속력이 빨라지기 때문에 압력이 감소하고, 넓은 곳을 통과할 때에는 속력이 느려지기 때문에 압력이 증가합니다.

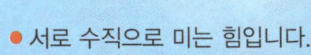
다니엘 베르누이
(Daniel Bernoulli, 1700~1782)

● 서로 수직으로 미는 힘입니다.
●● 고체와 달리 물이나 공기처럼 흐를 수 있는 액체나 기체를 말합니다.

공기가 느리게 지나가는 날개의 아래쪽은 압력이 높아집니다. 날개의 아래에서 미는 힘이 더 세기 때문에 새는 위로 떠 오르게 되지요.

또 새의 깃털의 모양에도 비밀이 숨어 있지요. 새의 깃털에는 납작하고 늘씬하게 생긴 것과 보송보송하게 솜털이 많이 나 있는 것의 두 종류가 있어요.

"깃털의 모양이 왜 다르죠?"
해원

비행용 깃털

보온용 깃털

깃털마다 쓰임새가 다르기 때문이지요. 빳빳하고 납작한 모양을 가지고 있고, 깃털 중심 가지의 양쪽이 비대칭인 깃털은 새가 잘 날 수 있도록 도와주는 비행용 깃털이에요. 그리고 솜처럼 부드럽고 둥글게 생긴 깃털은 열을 잘 보존해주는 보온용 깃털이지요.

새의 날개는 모두 똑같이 생겼나요?

새들은 사는 곳이나 먹이에 따라서 서로 다른 모양의 날개를 가지고 있습니다. 어떤 새는 날개가 길고 뾰족하고, 또 다른 새 중에는 짧고 둥근 날개를 가진 새도 있습니다. 날개의 모양에 따라서 날개 치기를 거의 하지 않으면서 멀리 날아갈 수 있는 새도 있고, 또 어떤 새들은 눈에 보이지 않을 정도로 빠른 날개 치기를 하기도 합니다.

▲ 새의 다양한 날개 형태

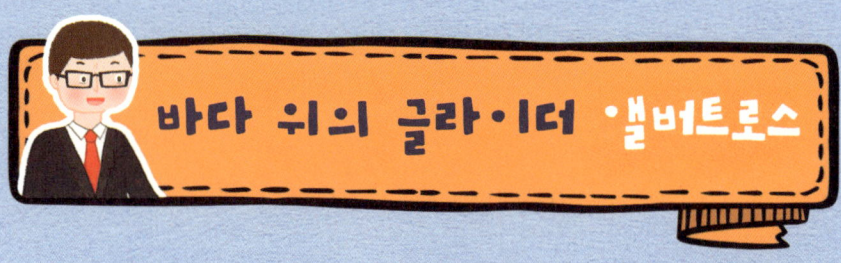

바다 위의 글라이더 앨버트로스

　새들이 하늘을 나는 방법은 아주 다양하지요. 보이지 않을 정도로 날개를 빠르게 움직여 나는 새도 있지만 거의 날개를 움직이지 않고도 하늘을 오래 날아가는 새도 있어요.

 "날개를 움직이지 않고 하늘을 난다고요? 어떻게요?"

　글라이더가 날아가는 모습을 생각해보세요. 날개를 움직이지 않고 날지요? 앨버트로스는 글라이더가 날아가는

것처럼 두 날개를 쭉 펴고 하늘을 날아가요. 긴 날개를 편 채로 날아가는 비행을 활공*이라고 부르지요.

그건 앨버트로스가 긴 날개를 가지고 있는 덕분이에요. 앨버트로스는 지구상에서 가장 긴 날개를 가지고 있는 새 중 하나지요. 날개가 무려 3미터나 돼요. 대부분의 새는 둘째 날개깃이 6~12개인데 비해 앨버트로스는 40개 이상이에요. 이런 종류의 새는 바닷가에 살면서 긴 날개를 펼치고 오랫동안 활공할 수 있어요.

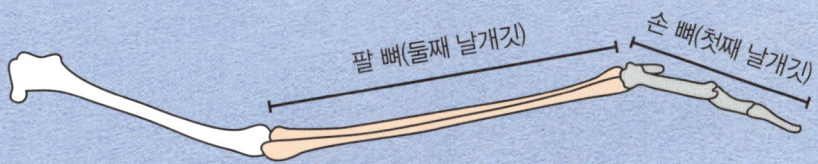

▲ 가장 오래 활공하는 앨버트로스의 날개 골격

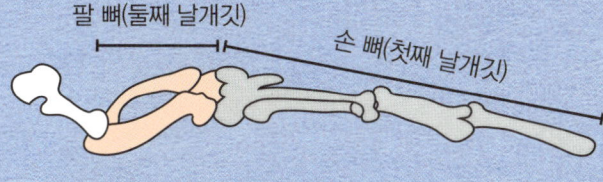

▲ 가장 빨리 날갯짓하는 벌새의 날개 골격

* 날개를 길게 펴고 바람의 힘으로 날아가는 방법입니다.

활공 비행을 하는 새의 종류가 궁금해요!

이런 비행을 하는 새로는 슴새류, 앨버트로스, 수리류, 새매류, 칼새류 등이 있습니다. 이런 새들은 날개가 길고 뾰족하며 주로 광활한 대륙이나 바다 근처에 살면서 오랫동안 활공비행을 합니다.

"와! 날개가 제 키보다도 훨씬 길어요! 그런데 왜 날개가 저렇게 길고 뾰족하게 생겼어요?"

해원

날개를 파닥거리지 않고 오랫동안 나는 새들은 날개 끝에서 발생하는 소용돌이를 줄일 수 있도록 끝이 뾰족한 날개를 가졌지요.

앨버트로스의 날개는 어떻게 그렇게 긴가요?

앨버트로스의 날개는 길 뿐만 아니라 무척 두껍습니다. 굵은 두께를 가졌기 때문에 좁고 긴 날개를 튼튼하게 유지할 수 있습니다.

 "소용돌이요?"

해원

날개의 윗면을 흐르는 공기의 속도는 빠르고, 아랫면을 흐르는 공기의 속도는 느린데, 날개 끝에서 속도가 서로 다른 공기가 만나게 되기 때문에 소용돌이가 발생하게 되지요. 이런 현상을 '날개 끝 소용돌이(wing tip vortex)'라고 해요. 날개 위를 흐르는 공기가 날개를 따라 흘러가서 불규칙한 모양으로 소용돌이치는 것을 말하지요. 이 소용돌이가 발생하면 날아가는 데 힘이 더 들게 돼요.

▲ 날개 끝 소용돌이

낮은 압력
높은 압력

비행기가 날개 끝 소용돌이의 영향을 덜 받고 잘 날려면 어떻게 해야 할까요?

날개 끝 소용돌이의 영향을 덜 받기 위해서 비행기들은 다른 비행기가 방금 막 지나간 길을 따라서 가지 않고, 시간 간격을 두고 비행합니다. 또 비행기의 날개 끝을 살짝 위로 휘게 하기도 합니다.

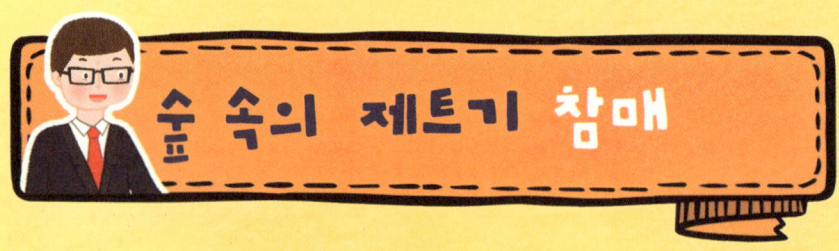
숲 속의 제트기 참매

새들의 날개는 다양한 형태로 생겼지요. 그래서 새들이 날아가는 모습도 각자 달라요.

참매는 옛날부터 꿩 사냥에 사용해 온 대표적인 새지요. 우리 조상들은 삼국시대˙ 이전부터 매를 이용하여 꿩을 사냥하곤 했어요. 참매는 시력이 뛰어나고 날카로운 발톱을 가지고 있어서 숲 속에서도 단번에 먹이를 잡을 수 있거든요.

해원
"참매가 숲 속에서 사냥을 한다고요?
나무에 부딪히면 어떻게 해요?"

● 고구려, 백제 신라의 세 나라가 함께 발전하던 시대입니다.

걱정할 필요 없어요. 참매는 나무가 울창한 숲 속에서도 자유자재로 사냥할 수 있는 사냥꾼이니까요. 참매는 긴 꽁지깃을 이용하여 장애물이 많은 좁은 공간에서도 얼마든지 회전하며 방향을 바꿀 수 있지요. 나무나 바위에 앉아 있다가 먹잇감이 빈틈을 보일 때면 빠르게 내려와서 공격하지요.

▲ 참매

해원 "그러고 보니 꽁지깃이 정말 기네요! 날개도 신기하게 생겼어요."

앨버트로스의 날개 모양을 기억하고 있나요? 참매가 꽁지깃이 더 길고 날개 폭도 더 넓지요? 참매의 날개 끝은 손가락처럼 여러 개로 갈라져 있는데, 이것은 날개 끝에 발생하는 소용돌이를 분산시키는 역할을 하지요.

▲ 보라매

참매를 보라매라고 부르는 이유는 무엇인가요?
어린 참매가 털갈이하기 전에는 보랏빛을 띱니다. 그래서 보라매라고도 부릅니다

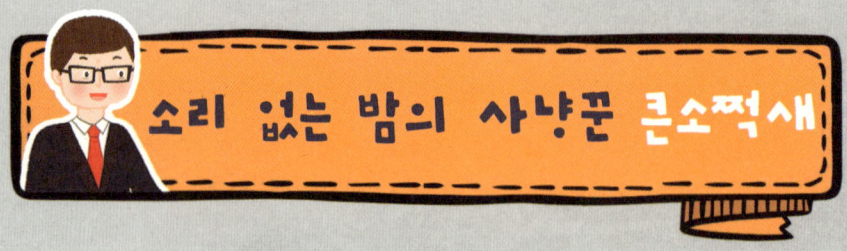
소리 없는 밤의 사냥꾼 큰소쩍새

새 중에는 날개 치는 소리를 거의 내지 않고 날 수 있는 새가 있어요. 밤에 주로 활동하는 큰소쩍새가 그렇지요.

해원 "소리를 하나도 안 내고 난다고요? 어떻게요?"

큰소쩍새 깃털의 특징 덕분이지요. 큰소쩍새는 다른 새와는 달리 날개 테두리에 톱니 모양의 작은 깃털이 나 있어요. 날개를 움직일 때 날개 끝 소용돌이가 많이 생기면 소리가 더 많이 나지요. 큰소쩍새의 톱니 모양의 작은 깃털은 날개 끝 소용돌이를 줄여주기 때문에 소리가 거의 나지 않지요.

큰소쩍새

해원 "큰소쩍새가 그렇게 조용히 날아다니면 무서울 것 같아요."

천연기념물 제324-7호 큰소쩍새는 소쩍새와 어떻게 다른가요?

1. 큰소쩍새는 소쩍새보다 덩치가 더 큽니다.
2. 큰소쩍새는 눈이 붉은 경우가 많고, 소쩍새는 눈이 노란색입니다.
3. 큰소쩍새는 귀깃이 길고, 소쩍새는 귀깃이 짧습니다.
4. 큰소쩍새는 발가락까지 길고 푹신한 깃털로 덮여 있습니다. 하지만 소쩍새는 발가락 피부가 보입니다.

▲ 소쩍새

큰소쩍새는 낮에는 나뭇가지 사이에 숨어 있으니까 걱정하지 않아도 괜찮아요. 저녁부터 활동을 시작하는 야행성 새거든요. 아주 조용하게 접근하여 낚아챌 수 있기 때문에 작은 새나 포유류, 양서류, 파충류, 게 및 곤충류와 거미 따위를 먹이로 삼아요.

해원 "대단한 사냥꾼이네요!"

맞아요. 하지만 밤에 주로 활동하는 큰소쩍새와 같은 동물들은 시력이 좋지 않아요. 그래서 도시화가 진행되면서 여러가지 문제가 생겼어요. 유리창에 부딪히는 일도 많고, 시속 300킬로미터의 속도로 빠르게 날아 내려와서 먹이를 잡으려다가 전깃줄에 걸리는 경우도 많지요.

소쩍! 소쩍!

▶ 톱니처럼 갈라진 깃가지 사이로 공기가 조용히 통과한다.

▶ 깃털 표면도 솜털로 덮여있다.

아무도 없나? 소리가 안 들려~

꿀을 먹는 헬리콥터 벌새

새 중에는 지렁이, 벌레, 볍씨 등을 먹이로 하는 새도 있지만, 꽃의 꿀을 먹고사는 새도 있어요. 벌새는 그중 대표적인 새지요. 벌새는 꽃을 옮겨 다니면서 꽃 속의 꿀을 먹고살아요.

벌새는 아주 작은 몸집을 가지고 있는 데다가 날개를 빨리 움직이며 꿀을 찾아다니는 모습이 벌을 닮았다고 해서 벌새라는 이름이 붙었지요.

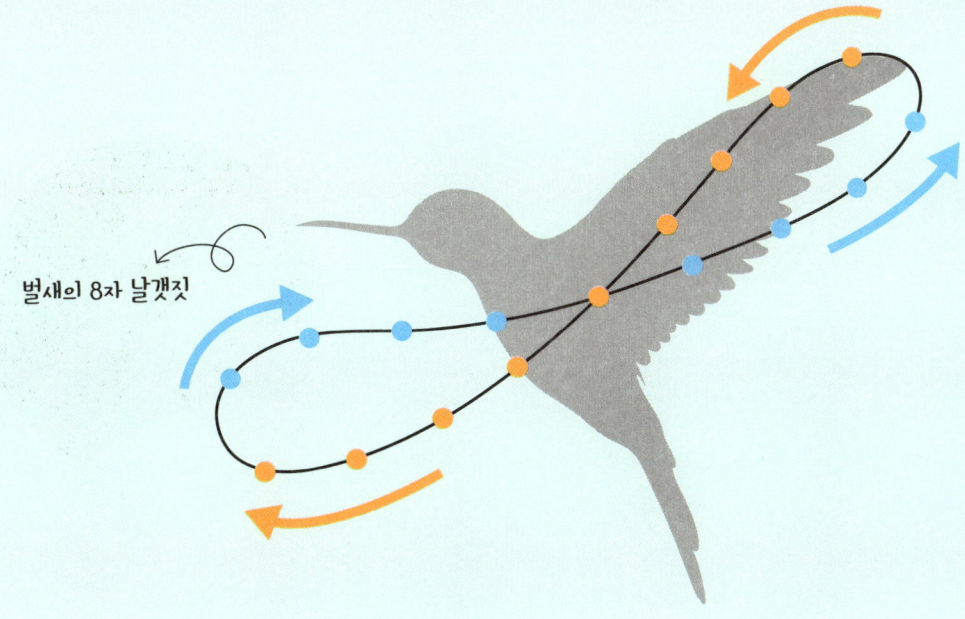

벌새의 8자 날갯짓

 해원 "새가 어떻게 꿀을 먹어요? 한 곳에 가만히 떠 있을 수 있나요?"

벌새가 벌처럼 가만히 떠서 꿀을 먹는 것이 신기하지요? 그 비밀은 벌새의 독특한 8자 날갯짓에 숨어 있어요. 보통 다른 새들은 날개를 아래로 칠 때 하늘을 나는 힘을 얻지만, 벌새는 8자로 날갯짓하기 때문에 날개를 위로 칠 때에도 힘을 얻을 수 있지요. 그 덕분에 벌새는 다른 새들과 달리 앞뒤 좌우로 자유롭게 날 수 있으며, 한 군데에 가만히 멈춰서 나는 것도 가능하지요.

 해원 "날개를 어떻게 8자로 움직이죠?"

벌새는 다른 새들에 비해 손에 해당하는 뼈가 매우 길어요. 손이 헬리콥터 역할을 하는 것이지요. 또 벌새는 독특한 어깨 근육과 날개 구조를 갖고 있어요. 다른 새들과는 달리 날개가 어깨 관절과 연결되어 있어서, 날개를 위아래뿐만 아니라 앞뒤로도 자유롭게 움직일 수 있어요.

▲ 벌새

해원
"헬리콥터는 프로펠러를 아주 빠르게 움직이잖아요. 벌새도 그렇게 빠르게 움직이나요?"

맞아요. 벌새는 살아있는 헬리콥터라고 할 수 있을 정도로 빠른 날갯짓을 하는데, 1초에 60번에서 많게는 80번까지 날개를 움직이지요. 이렇게 헬리콥터처럼 날개를 빠르게 움직일 수 있어서 위, 아래, 앞뒤 모든 방향으로 날아갈 수 있고, 정지 비행을 하며 꽃에 있는 꿀을 먹을 수도 있어요.

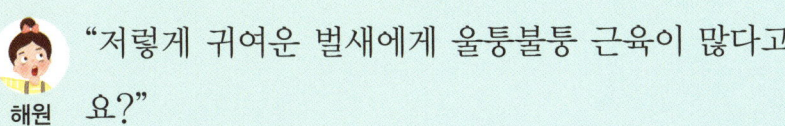
"저렇게 귀여운 벌새에게 울퉁불퉁 근육이 많다고요?"

 이렇게 날개를 빨리 움직이는 힘의 근원은 벌새의 가슴 근육이에요. 가장 힘차게 하늘을 나는 새라면 가슴 근육이 몸무게의 15~20퍼센트를 차지하는데, 그보다 상대적으로 더 발달한 붉은목벌새의 가슴 근육은 몸무게의 약 30퍼센트를 차지할 정도지요.

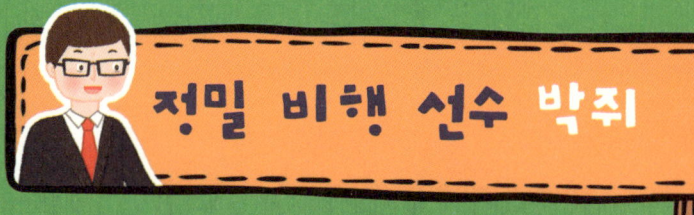

정밀 비행 선수 박쥐

　박쥐는 새처럼도 보였다가, 쥐처럼도 보였다가 해요. 하지만 사실은 새나 쥐와는 전혀 다른 동물이에요. 앞다리가 날아다니기에 알맞은 가죽 날개로 변한 유일한 포유동물*이지요. 보통은 똑바로 날아다니지만 빠르고 유연하게 회전할 수도 있지요. 굉장히 유연하게 날아서 좁고 장애물이 많은 동굴 속에서도 자유롭게 날아다닐 수 있지요.

 "동굴 속은 깜깜해서 잘 안 보일 것 같은데요?"
해원

　박쥐는 오랜 동굴 생활 때문에 시력은 좋지 못하지만, 귀는 밝아요. 코에서 쏘아 보낸 초음파를 예민하게 탐지해서 주변의 지형을 알아내지요. 몸에 최첨단 장치를 장착하고 있는 것이나 마찬가지예요. 박쥐는 몸속의 초음파 탐지기, 공기 흐름 감지기, 열 감지기를 이용해 어두운 동굴 속을 자유롭게 날아다니고 사냥을 할 수 있지요.

*새끼에게 젖을 먹여 기르는 포유동물입니다.

새보다 유연한 박쥐의 날개

 "박쥐처럼 자유롭게 날아다니는 비행기가 있다면 좋을 것 같아요!"

해원

앞막

손막

▲ 날개가 깃털이 아닌 털로 덮인 박쥐는 늘어난 피부가 날개 역할을 한다.

옆막

꼬리막

맞아요. 박쥐는 사람이 만든 로봇이나 기계보다 더 정밀하지요. 유연한 박쥐의 정밀 비행은 공학자들에게 많은 영감을 주고 있어요. 박쥐의 비행 방법을 적용하여 지금까지와는 다른 새로운 비행기를 만들 수 있을 것이라 기대하고 있지요.

해원
"그런데 박쥐는 깃털이 없는데 어떻게 날 수 있나요?"

박쥐의 날개는 깃털 대신 신축성 있는 피부를 가지고 있어요. 그래서 날갯짓을 할 때 곤충이나 새보다 더 큰 각

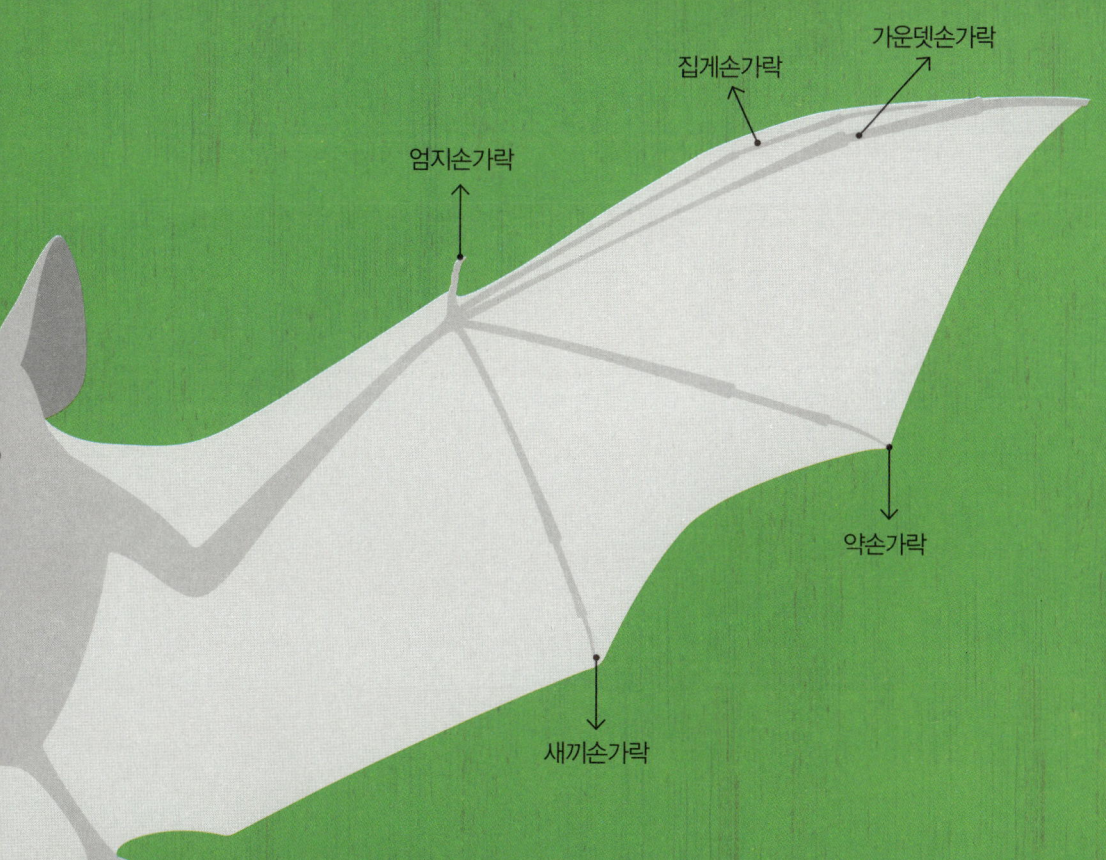

도로 아래로 내리치고, 위로 올릴 때는 날개가 아예 뒤집혀 접히지요. 특히 날개를 아래로 움직일 때는 날개를 최대한 넓게 펴서 양력*을 최대한 많이 받을 수 있게 해요. 그리고 날개를 위로 올릴 때 완전히 180도로 뒤집어서 아주 좁은 통로도 자유자재로 비행할 수 있지요.

박쥐의 날개는 손가락이 길게 변형되어 만들어진 것이지요. 관찰해보면 다섯 손가락도 발견할 수 있어요. 손가락을 움직이듯이 움직임이 자유롭기 때문에 아주 정교하게 비행할 수 있지요.

* 비행기, 새 등을 공중에 띄우는 힘입니다. 비행기나 새가 앞으로 날아갈 때 날개를 위로 밀어 올리는 에너지입니다.

날다람쥐도 날 수 있는 포유동물인가요?

아닙니다. 날다람쥐는 높은 곳에서 낮은 곳으로 뛰어내리는 활강만 할 수 있고, 자유자재로 날아오를 수는 없습니다. 포유동물 중에서 날개를 가지고 새처럼 하늘을 날 수 있는 동물은 박쥐뿐입니다.

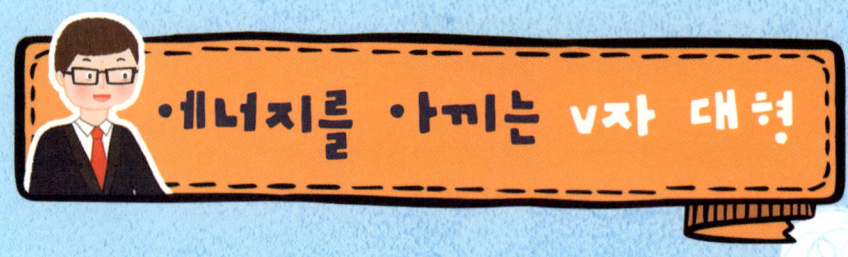

새는 크게 텃새와 철새로 나누어요. 텃새는 계절에 따라서 이동을 하지 않고 계속 일정한 곳에 사는 새로 참

새, 까마귀, 까치, 올빼미 등이지요. 철새는 겨울을 나거나 알을 낳기 위해서 계절에 따라 이동을 하는 새로 도요새, 물떼새 등이에요.

여러 마리의 새들이 V자를 그리며 함께 날아가는 것을 본 적이 있나요? 그 새들이 바로 철새지요.

해원
"새들은 왜 V자 모양을 그리며 날아가요?"

먼 거리를 이동해야 하는 철새들은 V자 형태를 만들면 에너지를 아낄 수 있기 때문이지요.

철새들은 날 때 발생하는 날개 끝 소용돌이를 이용해요. 앞에서 날아가는 새가 날개를 힘차게 움직이면 공기가 위아래로 흔들리는데, 이때 뒤에 있는 새들은 위로 올라가는 공기의 흐름에 맞추어 날갯짓하지요. 그러면 위로 떠오르는 힘을 받으면서 힘을 덜 들이고도 날 수 있게 돼요.

● 상승기류

해원 "그러면 맨 앞에서 날아가는 새만 제일 힘든 것 아니에요?"

철새들은 긴 거리를 이동하면서 잠을 어떻게 자나요?
철새들은 이동하는 동안 거의 잠을 자지 않습니다. 이동 중에는 평소보다 자는 시간이 세 배나 적습니다.

맞아요. 대신에 새들은 번갈아 가면서 맨 앞자리를 지키지요. 철새의 이동을 관찰해보면 한 마리의 새가 계속 무리를 이끄는 것이 아니라, 교대하면서 에너지를 나누어요.

V자 모양으로 날아가는 철새들의 심장 박동 수와 날갯짓 횟수를 측정한 결과, 혼자 날아갈 때보다 훨씬 더 힘이 적게 드는 것으로 나왔지요. 서로서로 도와서 더 편하게 날아가는 거예요.

 "철새들이 먼 거리를 날아가는 다른 비결도 있나요?"
해원

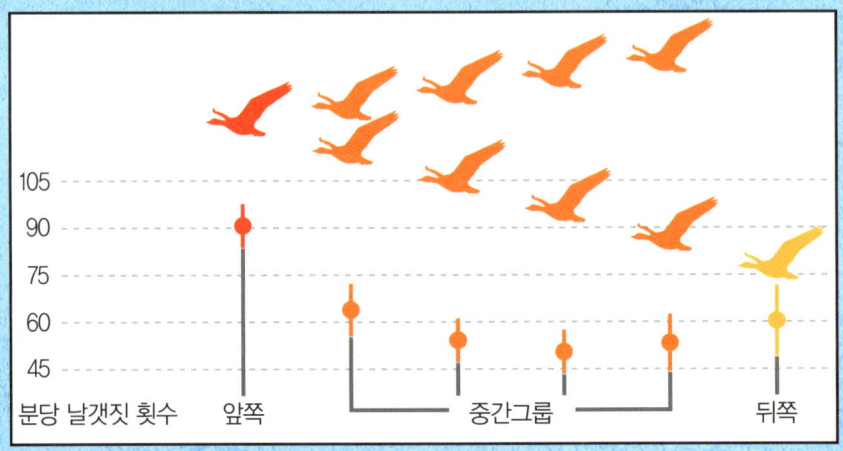

▲ V자 대형에서 위치에 따른 날갯짓 횟수 비교

너무 졸려. 철새는 피곤하다고!

물론이에요. 철새들이 날 때 가장 중요한 역할을 하는 것이 바람이지요. 특히 커다란 바다를 건너야 하는 새들은 바람의 방향과 세기가 중요해요.
　그래서 철새는 이동 시기가 되면 습관이 바뀌곤 하지요. 평소에는 낮에 활동하더라도, 이동하는 시기가 되면 밤에 활동하곤 해요. 밤에 이동하면 낮보다 바람이 더 세게 불어서 피로가 덜하고, 먹이를 구하기도 쉽기 때문이에요.

해원 "바다도 건넌다니 정말 대단해요. 그렇게 넓은 하늘에서 철새들은 어떻게 길을 정확히 알고 가나요?"

　철새들은 방향을 정하기 위해 지구의 자기장, 태양, 별 등을 관찰하지요. 또 기러기와 두루미는 가족이 함께 이동해요. 어린 새들은 부모 새와 함께 날아가면서 길을 익히지요.

여름 철새와 겨울 철새는 뭐가 다른가요?

한국의 여름 철새는 여름에 한국에 오는 철새로, 겨울에는 더 따뜻한 곳을 찾아 떠납니다. 한국의 겨울 철새는 겨울에 한국에 오는 철새로, 여름에는 시베리아나 만주 등에서 지내던 새들이 이동해 와서 겨울을 납니다.

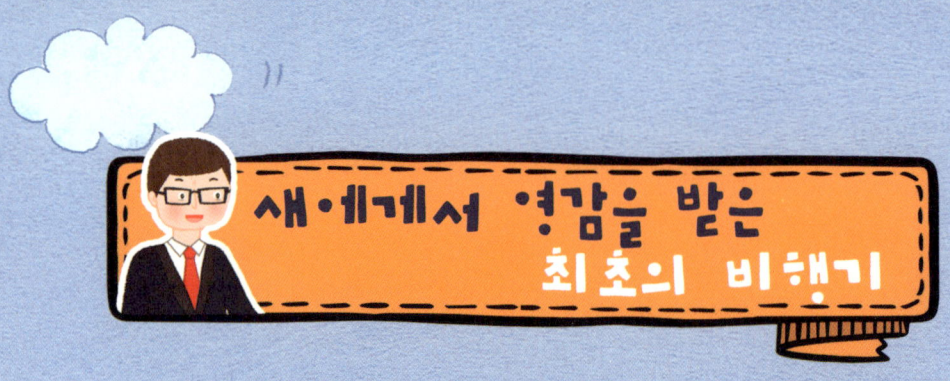
새에게서 영감을 받은 최초의 비행기

단단하게 고정된 날개로 파란 하늘을 나는 비행기는 하늘을 날아서 빠르게 이동할 수 있는 교통수단이지요. 비행기의 발명 덕분에 세계를 여행하는 것도 가능하게 되었어요. 이렇게 편리한 비행기는 언제부터 하늘을 날 수 있게 되었을까요?

비행기가 하늘을 날게 된 것은 끊임없이 노력해 온 사람들이 있었던 덕분이에요. 최초로 글라이더 비행에 성공한 사람은 오토 릴리엔탈이지요. 사람들이 하늘을 나는 기계를 꿈꾸기만 할 때, 오토 릴리엔탈은 자신이 생각한 대로 직접 실험까지 했어요.

해원
"글라이더를 어떻게 만들었죠?"

오토 릴리엔탈은 어릴 때부터 새들이 나는 모습을 관찰했어요. 새의 깃털을 모으는 것도 좋아했지요. 오토 릴리엔탈은 늘 하늘을 날기를 꿈꿨어요. 깃털을 엮어서 날개도 만들었지만, 깃털 날개로는 하늘을 날 수 없었지요.

많은 시행착오 끝에 오토 릴리엔탈은 깃털이 중요한 게 아니라 날개의 구조가 중요하다는 것을 깨달았어요. 오토 릴리엔탈은 노력 끝에 날개 구조를 제작해 최초로 하늘에 떠 있는 데 성공했지요.

해원
"글라이더를 만든 사람이군요!"

맞아요. 세계 최초로 글라이더를 만들었고, 성공적으로 비행한 기록을 남겼어요. 그래서 글라이더의 아버지이자 인류의 날개라는 별명을 가지게 되었지요.

오토 릴리엔탈
(Otto Lilienthal,
1848~1896)

으악!
깜짝이야

으약!

라이트 형제는 오토 릴리엔탈이 글라이더 비행에 성공했다는 소식을 듣게 되었어요. 기계 장난감과 자전거를 파는 가게를 하고 있던 라이트 형제는 하늘을 날고 싶다는 꿈에 부풀어 올랐지요. 용기를 내어 오래전부터 하고 싶었던 비행기 만드는 일을 시작했어요.

해원 "오토 릴리엔탈이 용기를 준 거네요!"

라이트 형제는 연과 글라이더를 만들어 실험을 했어요. 새들이 날아오를 때 날개와 깃털을 움직이는 법도 열심히 관찰했지요.

라이트 형제는 글라이더를 하루에 20번, 3달 동안 천 번 넘게 띄우며 수많은 실험을 했어요.

라이트 형제는 직접 만든 가솔린기관을 비행기에 실었어요. 끊임없는 노력 끝에, 라이트 형제는 역사상 처음으로 동력 비행기˚를 조종해서 오래 비행하는 데 성공했지요.

하지만 새처럼 자유롭게 오른쪽 왼쪽으로 방향을 조종하는 것은 어려운 일이었어요.

라이트 형제
(Orville Wright, 1879~1948 &
Wilbur Wright, 1867~1912)

해원
"그래서 어떻게 했어요?"

라이트 형제는 천여 번의 비행 실험을 통해서 비행기 날개와 바람의 관계에 대한 자료를 얻었어요. 고민 끝에, 새가 날 때의 모습에서 힌트를 얻었지요. 날개를 비틀면 된다는 것을 알아냈어요. 그 덕분에 비행기를 조종사 마음대로 움직일 수 있게 되었고, 비행기는 처음 날아오른 곳으로 무사히 다시 돌아갈 수 있게 되었지요.

▲ 라이트 형제의 비행

● 스스로의 힘으로 날 수 있는 비행기입니다.

비행기보다 먼저 하늘을 난 기구들

1. 몽골피에(Montgolfier) 형제의 열기구

1700년대 말, 프랑스에는 몽골피에 형제가 종이 공장을 운영하며 살고 있었습니다. 어느 날 형제는 풀을 바른 봉투를 말리려고 불에 가까이 가져갔다가 봉투가 둥실 떠오르는 것을 보게 되었습니다. 몽골피에 형제는 이것을 응용해서 하늘을 나는 도구를 만들 수 있을지도 모른다는 생각을 했습니다.

몽골피에 형제는 공기를 채울 수 있는 커다란 자루를 준비해서 바구니에 매달고 불을 지폈습니다. 자루 안의 공기가 뜨거워지자 자루는 부풀어 오르더니 하늘로 둥실둥실 떠올랐습니다.

몽골피에 형제는 1783년 6월, 프랑스의 리용 근처의 마을에서 공개적으로 실험을 했습니다. 많은 사람이 지켜보는 가운데 지름이 11미터나 되는 열기구를 만들고 땔나무를 쌓아 불을 지폈습니다. 뭉게뭉게 피어오른 뜨거운 공기는 곧 열기구 속으로 들어갔고, 묶었던 밧줄을 풀자 열기구는 1,000미터나 넘는 공중으로 떠올라 10분간 머물렀습니다.

▲ 몽골피에 형제의 열기구

저게 없었다면 하늘이 조용했을 텐데!

몽골피에 형제는 그 뒤로 열기구를 더 발전시켜 같은 해 8월, 베르사유에서 오리와 닭을 실은 열기구 비행 실험도 성공했습니다.

이후 11월, 마침내 세계 최초로 사람을 태운 열기구의 비행에 성공하였습니다. 프랑스의 왕 루이 16세와 왕비 마리 앙투아네트가 지켜보는 가운데, 몽골피에의 기구는 고도 9백50미터로 약 8킬로미터나 날았습니다.

2. 자크 샤를(Jacques Charles)의 수소 기구

프랑스의 과학자 자크 샤를 교수는 뜨거운 공기 대신에 수소*를 사용하여 기구를 띄우기로 했습니다. 자크 샤를 교수는 비단으로 지름이 4미터가 되는 공을 만든 다음, 수소를 공 안에 모았습니다. 사람들은 이 신기한 실험을 보기 위해 벌떼처럼 몰려들었습니다. 군인들이 질서를 유지했을 정도였습니다.

▲ 자크 샤를의 수소 기구

* 공기보다 더 가벼운 기체입니다.

기구를 매고 있던 밧줄을 끊자 기구는 순식간에 하늘로 날아가 2분 만에 약 1000미터를 올라갔습니다.

　　하지만 기구가 25일 정도는 하늘에 떠 있을 거라는 샤를의 예상과는 달리, 약 40분 만에 파리에서 조금 떨어진 '고네스'라는 시골 마을에 떨어졌습니다. 하늘 위의 기압이 낮아서 기구가 찢어졌기 때문입니다.

　　당시 사람들은 겁을 먹고 기구를 공격하려고도 했습니다. 찢어진 곳을 입처럼 보이게 움직이고 있었으니 말입니다. 하지만 다행스럽게도 마을 사람들은 기구에 매달린 편지를 발견했습니다. 그 편지에는 샤를이 기구를 날려 보낸 날짜와 이 기구를 돌려보내 주길 바란다는 이야기가 적혀 있었습니다.

나도 하늘을 날 거야!

● 공기의 무게가 누르는 힘입니다. 위로 올라갈수록 공기가 더 적어져서, 기압도 낮아집니다.

4장 자연에서 열관리 시스템을 배우다

흰개미 집의 자연 냉방 시스템

어려운 환경에서도 생물은 나름의 방법으로 주변 환경에 적응하며 살아가지요. 선풍기나 난로가 없이도 자신들만의 방법으로 살아남을 수 있어요.

한낮에 섭씨 40도를 오르내리고 일교차가 심한 아프리카 열대 지역에 사는 흰개미도 자신만의 살아남는 방법을 가지고 있지요.

해원 "40도라고요? 불에 구운 오징어가 될 것 같아요. 그렇게 더운 열대 지방에 어떻게 살죠?"

흰개미는 커다란 집을 짓지요. 흰개미는 1센티미터에 가깝게 작지만, 자기 몸의 몇 배나 되는 집을 지어요. 흰개미의 집은 높이가 보통 3~4미터나 되고, 10미터에 가까운 높은 집도 있지요. 이렇게 높은 흰개미 집 내부는 항상 외부보다 10도 정도 낮게 유지되어 시원해요.

해원: "집을 높게 지으면 시원해요?"

흰개미 집이 시원하게 유지되는 것은 흰개미 집 안에 있는 복잡한 통로 덕분이에요. 흰개미 집 내부와 복잡하게 얽혀 있는 통로들은 바깥으로 통하는 구멍과 연결되지요.

또, 집 아래쪽에 곰팡이와 버섯을 키우는 것도 시원하게 지내는 비결이에요.

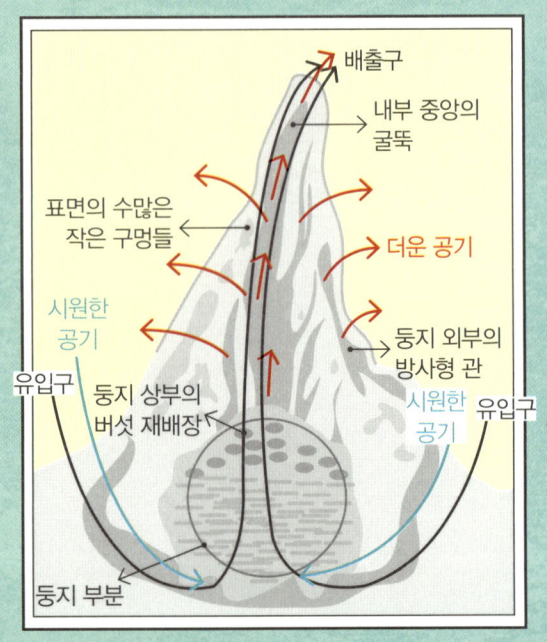

 "네? 흰개미가 버섯을 키운다고요?"
해원

맞아요. 흰개미는 대단한 건축가면서 부지런한 농부이기도 하지요. 흰개미가 키우는 곰팡이와 버섯은 자라면서 많은 양의 열을 발생시켜요. 공기는 뜨거워지면 차가운 공기보다 위로 올라가려고 해요. 그래서 이 뜨거운 공기는 개미집의 위쪽으로 올라가서 개미집 위에 숭숭 나 있는 구멍을 통해서 바깥으로 빠져나가지요.

그러면 공기가 빠져나간 아래쪽의 공간에는 개미집 밑의 구멍을 통해 시원하고 신선한 공기가 들어오게 돼요. 흰개미는 이렇게 집을 시원하게 유지하지요.

〈형태의 차이〉

- 더듬이가 구부러져 있다.
- 앞뒤 날개의 크기가 다르다.
- 배자루 마디

▲ 개미

- 더듬이가 곧게 뻗어있다.
- 앞뒤 날개의 크기가 비슷하다.

▲ 흰개미

〈생활사의 차이〉

여왕 / 알 / 유충 / 번데기 / 수컷 / 일개미

▲ 개미

여왕 / 알 / 유충 / 애벌레 / 일개미 / 왕 / 병정개미 / 생식 개체

▲ 흰개미

뭐? 흰개미가 내 친척이 아니라고?

흰개미가 개미의 친척이 아니라고요?

흰개미는 그 모습이나 모여서 생활하는 것을 보면 개미의 친척으로 오해하는 경우가 적지 않지만 실제로는 전혀 다른 곤충입니다. 놀랍게도 흰개미는 바퀴 류와 더 가깝습니다.

 해원 "선풍기나 에어컨도 없이 집 안을 시원하게 만드는 친환경 건축가네요!"

맞아요. 친환경 건물을 짓기 위해 고민을 하던 믹 피어스는 흰개미 집에서 영감을 받았어요. 짐바브웨에 있는 이스트 게이트 센터나 호주의 멜버른 시의회 청사에 흰개미 집의 원리를 적용했지요.

너무 더운 것..

휴… 덥다. 안녕! 나는 짐바브웨에 있는 이스트 게이트 센터와 호주의 멜버른 시의회 청사를 만든 믹 피어스랍니다.

믹 피어스
(Mick Pearce, 1938~)

자연이 우리에게 알려주는 것은 정말 많아요. 흰개미 집의 원리*를 적용한 이 건물들은 에너지를 적게 사용하면서도 온도를 쾌적하게 유지할 수 있어요. 자연은 훌륭한 선생님이지요.

▼ 짐바브웨의 이스트 게이트 센터

▲ 멜버른의 시의회 청사

* 건물의 지붕에 환기 창문을 만들어 더운 공기를 나가게 하고, 지하에는 구멍을 만들어 시원한 공기가 들어올 수 있게 했습니다.

황제펭귄이 추위를 이겨내는 비결

으아아아악!!

　남극은 지구에서 가장 추운 곳이에요. 남극 대륙 대부분은 일 년 내내 두꺼운 얼음으로 덮여 있지요. 영하 50도에 이르는 남극은 바람까지 세게 불면 고개도 못 들 정도로 춥지요.

　황제펭귄은 남극의 겨울을 버텨내는 몇 안 되는 동물 중 하나에요. 두꺼운 지방과 두 겹의 털로 추위를 견디지요.

해원 "황제펭귄은 얼음 위에서 사는데 발이 얼면 어떻게 해요?"

　황제펭귄은 얼음판 위에서도 오래 버틸 수 있는 비법이 있어요.
　황제펭귄의 발에는 온도를 조절하는 혈관 구조가 있어요. 황제펭귄의 발 속에는 두 가지 혈관이 서로를 감싸고 있지요. 이 두 혈관을 동맥과 정맥이라고 불러요. 동맥은 심장에서 나가는 피가 온몸의 곳곳으로 가는 길이지요. 정맥은 몸의 곳곳을 돌아다닌 피가 다시 심장으로 돌아갈 때 지나는 길이에요. 발끝에서 차가워진 정맥의 피가 다시 몸속으로 들어갈 때 주변을 감싸고 있는 동맥의 따뜻한 피로부터 열을 전달받지요. 동맥의 따뜻한 피는 그 주변을 감싸는 정맥에 열을 전달해 주고 차가워진 상태로 발끝을 향해 흘러요.

그 덕분에 황제펭귄의 발은 항상 차갑게 유지되고, 바깥과 온도 차이가 적어져서 동상에 걸리지 않지요.

 해원 "혈관이 마치 거미줄 같아요."

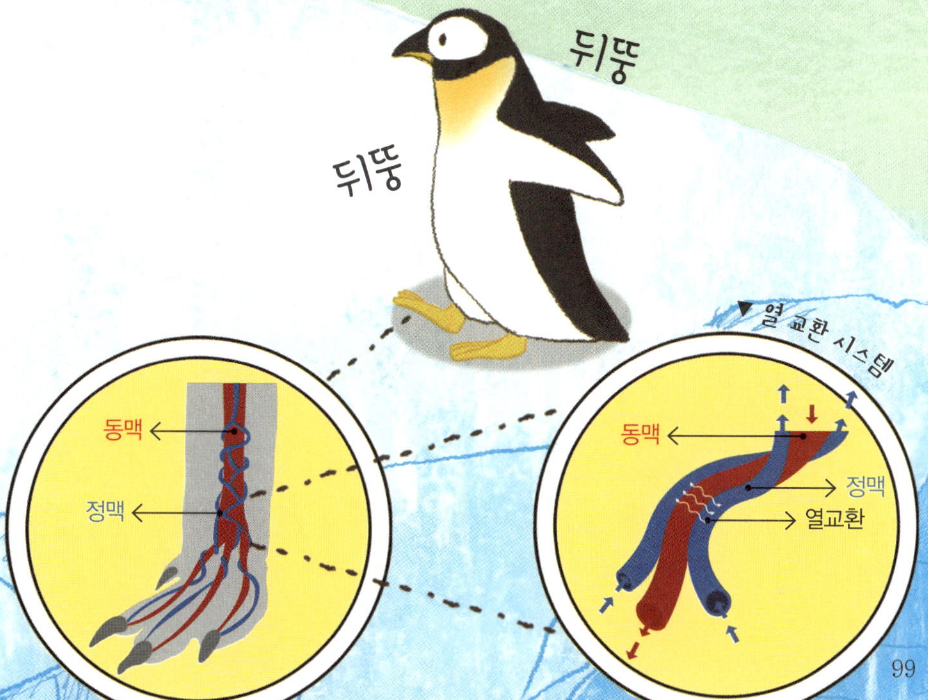

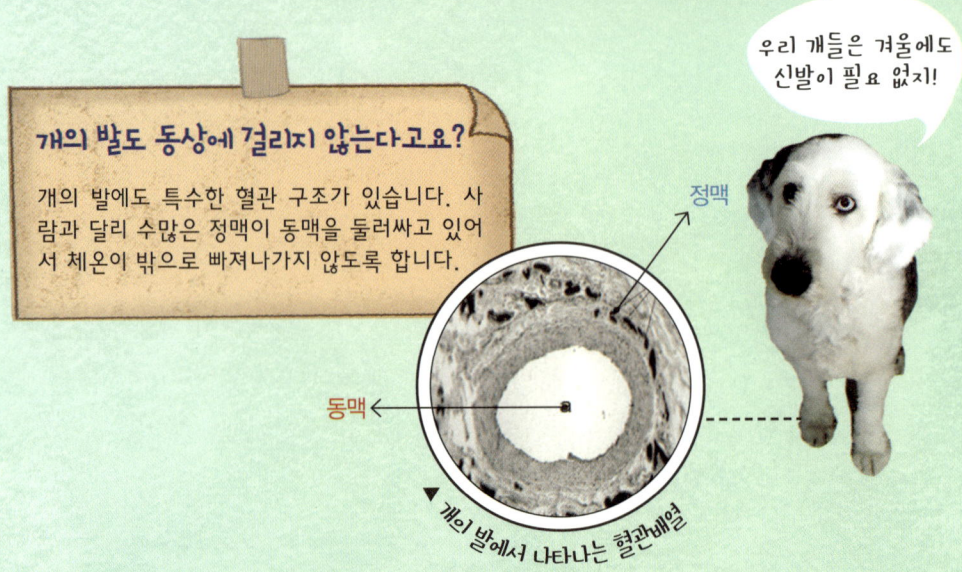

개의 발도 동상에 걸리지 않는다고요?

개의 발에도 특수한 혈관 구조가 있습니다. 사람과 달리 수많은 정맥이 동맥을 둘러싸고 있어서 체온이 밖으로 빠져나가지 않도록 합니다.

우리 개들은 겨울에도 신발이 필요 없지!

정맥
동맥

▲ 개의 발에서 나타나는 혈관배열

이런 구조는 황제펭귄만 가지고 있는 것은 아니에요. 새와 개는 이렇게 열을 교환하는 혈관을 발 속에 가지고 있어요. 추운 겨울에 개의 발이 동상에 걸리지 않는 것도 다 이런 이유지요.

남극에는 사람이 걸어 다니기 힘들 정도의 강한 바람도 종종 불곤 하지요. 온도가 영하 25도 이하로 내려가면 황제펭귄들은 약속이라도 한 것처럼 한자리에 모여요.

해원
"황제펭귄들이 다 같이 모여서 뭐 하는 거죠?"

황제펭귄은 추위를 견디기 위해 수백, 수천 마리의 황제펭귄들이 몸을 밀착해 체온을 나눠요. 이렇게 모여 있으면 안쪽과 바깥쪽 온도가 10도 이상 차이가 나게 되지요. 이런 행동을 허들링이라고 해요.

해원
"그럼 바깥쪽에 있는 황제펭귄만 추운 거 아니에요?"

맞아요. 바깥쪽에서 차가운 바람을 온몸으로 맞는 황제펭귄들이 가장 추워요. 하지만 독일의 과학자들이 허들링을 자세히 관찰한 결과, 황제펭귄들은 가만히 모여 있기만 하는 게 아니라는 걸 알아냈어요. 황제펭귄들은 원을 그리면서 바깥쪽에 있는 친구들을 안쪽으로 보내고, 안쪽에 있는 황제펭귄들을 밖으로 내보내지요. 서로서로 자리를 바꾸는 거예요. 황제펭귄들은 함께 추위를 이겨내지요.

해원
"철새들 생각이 나요!"

철새들이 V자로 날아갈 때 맨 앞의 자리를 바꿔가며 함께 먼 거리를 날아가는 것과 닮았지요? 자연 속 친구들은 그렇게 서로 도와가면서 살아가고 있어요.

북극곰과 해달의 단열 시스템

　남극에 펭귄이 사는 것처럼 북극에는 북극곰이 살고 있어요. 북극은 아시아와 아메리카 대륙으로 둘러싸인 거대한 북극해 바다를 말하지요. 북극에는 북극해 주변의 바닷물이 얼어서 만들어진 거대한 얼음 덩어리가 둥둥 떠 있고, 북극곰은 그 얼음 위에 살고 있지요. 남극보다는 덜 춥지만, 연평균 기온이 영하 34~40도 정도로 매우 춥지요.

해원
"북극곰은 그렇게 추운 곳에서 어떻게 살아요?"

　북극곰이 추위를 잘 견디는 것은 열이 빠져나가지 않게 할 수 있기 때문이에요. 북극곰 털은 빨대처럼 속이 비어 있어요. 비어있는 구멍 속에 공기층을 가지고 있어서 열을 빼앗기지 않아요. 공기는 열을 잘 전달하지 못하기 때문이에요.
　또 북극곰은 두꺼운 지방층을 가지고 있고 그 위에는 짧은 털과 방수가 되는 긴 털이 이중 구조로 덮여 있어요.

온종일 바다에 둥둥 떠다니는 해달도 신비한 털의 비밀을 가지고 있어요.

> **해달이 체온을 유지하는 비법이 또 있나요?**
> 해달은 매일 자기 체중의 4분의 1에 해당하는 먹이를 먹습니다. 차가운 바닷물에 빼앗기는 열을 보충하기 위해서 끊임없이 먹이를 먹는 것입니다.

해원

"해달도 털로 몸을 따뜻하게 하나요?"

▼ 온종일 바다에 떠다니는 해달

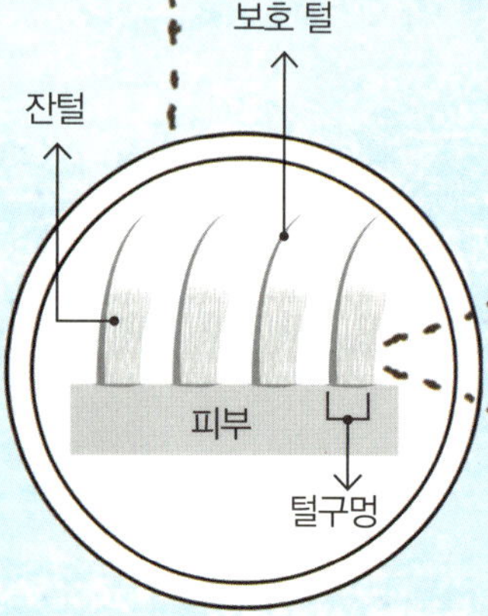

▲ 털구멍 하나에서 1개의 기다란 보호 털과 약 70개의 가늘고 짧은 잔털이 모여 나온다.

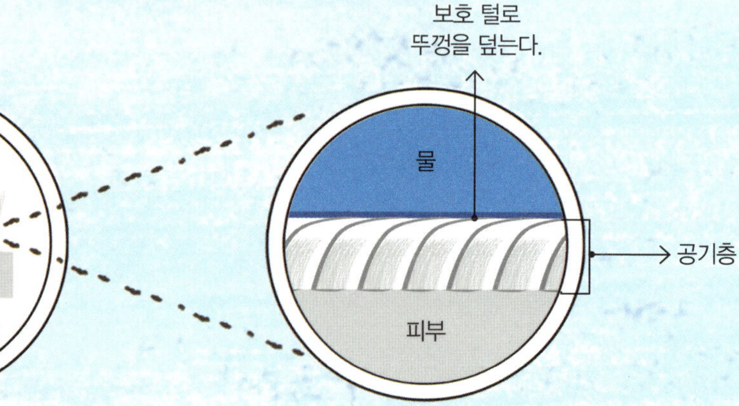

▲ 긴 보호 털이 공기층을 만들어서 피부는 물에 젖지 않는다.

맞아요. 해달은 바다 동물 중에서는 덩치가 작은 편에 속하고 몸을 따뜻하게 해줄 수 있는 지방이 많지 않아요. 그 대신 물속에서도 피부를 젖지 않게 하는 보호 털이 있어서 추위를 이겨낼 수 있지요.

해달의 몸에는 다른 포유동물보다 훨씬 더 빽빽한 털이 나 있어요. 털은 두 개의 층으로 되어 있는데, 털구멍 하나에 한 개의 기다란 보호 털과 약 70개의 잔털이 모여서 나지요. 긴 보호 털은 마치 뚜껑처럼 물을 막아주면서 물과 피부 사이에 공기층을 만들어 줘요. 잔털은 1제곱센티미터마다 약 16만 개나 나 있지요.

해원

"정말 신기한 털이네요!"

그래서 과학자들은 해달의 털에 큰 관심을 보이고 있지요.

환경이 오염되면 해달에게는 무슨 일이 생길까요?

해달은 털 안에 공기를 가두어 따뜻하게 지냅니다. 만약 기름 등 이물질의 영향으로 털이 손상되면 체온이 내려가 생명이 위험해질 수도 있습니다.

바다를 깨끗하게 쓰자고!

톰슨가젤의 차가운 뇌

톰슨가젤이 사는 사바나는 매우 더운 곳이에요. 그곳에는 톰슨가젤을 위협하는 사자나 표범도 함께 살고 있지요. 톰슨가젤은 가볍고 튼튼한 다리를 이용해 무시무시한 포식자들로부터 도망 다녀요.

해원 "안 그래도 더운 곳인데, 도망까지 다녀야 한다니. 톰슨가젤은 정말 더울 거예요."

맞아요. 더운 곳에서 오래 달리는 일은 위험할 수도 있어요. 몸 온도가 올라가다 보면, 열에 약한 뇌가 위험해질 수 있기 때문이지요.

그래서 톰슨가젤은 뇌를 차갑게 유지할 수 있는 장치를 가지고 있어요.

해원 "어떻게 뇌를 차갑게 유지해요?"

뜨거워진 피가 뇌로 바로 들어가지 않도록 하는 것이지요. 톰슨가젤의 정맥과 동맥은 그물처럼 서로 섞여 있어요. 심장에서 몸의 구석구석으로 나가는 피가 지나가는 길과 몸의 곳곳에서 심장으로 들어오는 피가 지나는 길이 아주 가까이 있는 거지요. 그래서 뜨거워진 피는 뇌로 가기 전에 식어요. 톰슨가젤이 아주 빨리 달릴 때는 몸과 뇌 온도가 2도 이상 차이 나지요.

해원 "치타나 표범도 그런 장치가 있어요?"

치타나 표범은 이런 장치가 없어요. 그래서 치타나 표범은 톰슨가젤만큼 오래 달리지 못하지요. 몸 온도가 어느 정도 올라가면 쉬면서 열을 식혀야 하기 때문이에요.

더 읽어 보기

누구보다 빠르게, 남들과 다르게 집을 짓는 딱따구리

딱따구리는 나무에 구멍을 뚫어 알을 낳고 새끼를 키웁니다. 그리고 나무 속에 사는 곤충을 잡아먹기 때문에 나무에 붙어 있는 시간이 많습니다. 딱따구리는 나무에 수직으로 몸을 고정할 수 있는 강한 근육과 날카로운 발톱을 가지고 있으며, 빳빳한 꼬리 깃털로 나무에 몸을 지탱합니다.

딱따구리는 머리를 1초당 15~16번 움직이며 나무를 쫍니다. 이것은 총알보다 2배 빠른 속도입니다. 푹신푹신한 스펀지 같은 특수한 조직이 딱따구리의 뇌를 감싸고

딱따구리는 구멍 안에 있는 벌레를 어떻게 먹나요?
딱따구리는 가시가 달린 긴 혀를 가지고 있습니다. 먹이를 쪼아 먹기도 하고, 나무 수액이나 곤충을 핥아 먹을 수 있습니다.

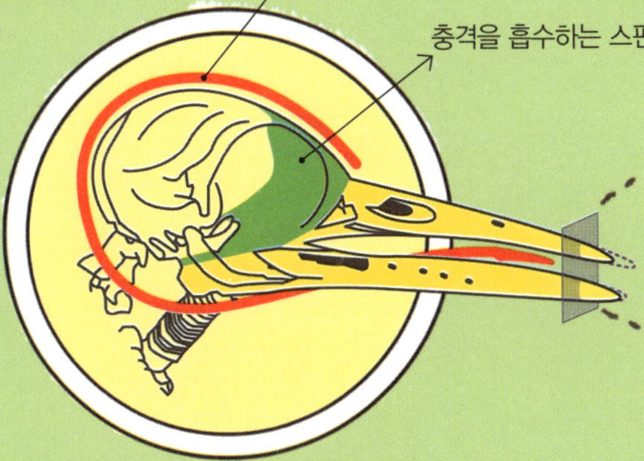

▲ 딱따구리의 충격 흡수 장치들 (두개골을 감싸는 뼈, 충격을 흡수하는 스펀지 층)

▲ 3중구조로 이루어져 충격이 흡수되는 부리 단면 (케라틴 층, 기포 층, 골성 층)

있습니다. 이 스펀지 같은 조직이 나무를 찍을 때 발생하는 커다란 충격들을 흡수해 머리를 보호해 줍니다.

그리고 딱따구리의 부리는 아래쪽이 조금 더 깁니다. 따라서 나무를 쪼았을 때 충격이 뇌로 직접 전달되지 않고, 아래 부리를 통해 턱 쪽으로 전달됩니다.

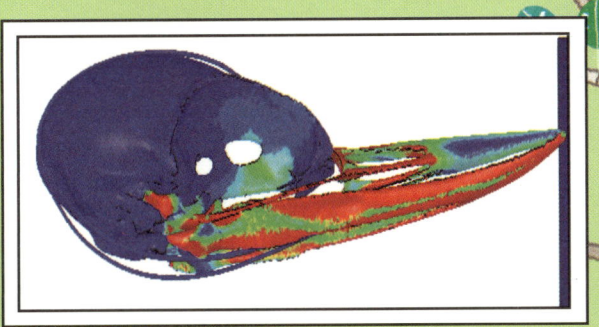

▲ 아래 부리 쪽으로 전달되는 강도 높은 충격(붉은색)

따다 다다 다! 다다 다다 다다 다

딱따구리가 살다가 떠난 나무 구멍은 다른 동물들의 아늑한 집이 되기도 합니다.

딱따구리는 죽은 나무나 재질이 부드러운 사시나무, 오동나무와 같은 나무에 둥지를 만들곤 합니다. 이 구멍

너무 시끄러워서 잠을 못 자겠어!

들은 청서, 하늘다람쥐, 원앙, 파랑새, 호반새, 큰소쩍새, 동고비 등의 다른 동물들에게 꼭 필요한 공간이 됩니다. 동고비와 같은 작은 새들은 둥지 입구에 진흙을 쌓고 구멍을 더 작게 만들어 자신에게 맞는 안전한 집으로 다시 만들기도 합니다.

청서

호반새

딱따구리는 어디에 사나요?

호주, 뉴질랜드, 마다가스카르를 제외하고는 어디에서든 쉽게 발견할 수 있습니다. 숲이나 사막, 심지어 도시까지 다양한 곳에 잘 적응해 사는 새입니다.

워~워~ 진정해

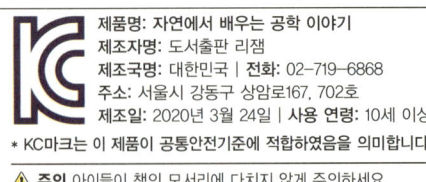

제품명: 자연에서 배우는 공학 이야기
제조자명: 도서출판 리잼
제조국명: 대한민국 | 전화: 02-719-6868
주소: 서울시 강동구 상암로167, 702호
제조일: 2020년 3월 24일 | 사용 연령: 10세 이상
* KC마크는 이 제품이 공통안전기준에 적합하였음을 의미합니다.
⚠ 주의 아이들이 책의 모서리에 다치지 않게 주의하세요.

어린이 생명 이야기 ❷

1판 1쇄 발행 2017년 12월 11일
1판 3쇄 발행 2020년 3월 24일

글쓴이 소지현·안은주 ㅣ 그린이 이수진 ㅣ 감수자 용환승(이화여자대학교 컴퓨터공학과 교수)
펴낸이 안성호 ㅣ 편집 조경민 조현진 ㅣ 디자인 이보욱
펴낸곳 리잼 ㅣ 출판등록 2005년 8월 9일 제 313-2005-00176호
주소 05307 서울시 강동구 상암로167, 702호
대표전화 02-719-6868 팩스 02-719-6262
홈페이지 www.rejam.co.kr 전자우편 iezzb@hanmail.net

ⓒ소지현·안은주 ⓒ이수진

* 잘못 만들어진 책은 바꾸어 드립니다.
* 이 책의 무단 복제와 전재를 금합니다.
* 책값은 뒤표지에 표시되어 있습니다.

이 도서의 국립중앙도서관 출판예정도서목록(CIP)은 서지정보유통지원시스템 홈페이지(http://seoji.nl.go.kr)와 국가자료공동목록시스템(http://www.nl.go.kr/kolisnet)에서 이용하실 수 있습니다.(CIP제어번호: CIP2017028499)

ISBN 979-11-87643-47-0
     979-11-87643-29-6 (세트)